希望下一次哭，是因为太幸福

沈一只／著

长江出版传媒｜长江文艺出版社

北京长江新世纪文化传媒有限公司
www.cjxinshiji.com
出品

目录

CHAPTER 01

心动只是导火索，心定才是爱情的开始

CHAPTER 02

我永远有病，你永远有药

CHAPTER 03

我尽力喜欢过，但聚散不由我

CHAPTER 04

爱你总有办法，不爱都是理由

CHAPTER 05

爱自己，是终身浪漫的开始

包容、分享、怜惜、
恒久绵长、不离不弃、
才是爱

CHAPTER 01

心动只是导火索，心定才是爱情的开始

世上最奢侈的人，是肯花时间陪伴你的人。谁的时间都有价值，把时间分给了你，就等于把自己的世界分给了你。如果一个人愿意把时间花在你身上，不用怀疑，他一定很在乎你。

恋爱后没有距离感的异性朋友不是亲密，是越界

“今晚出来聚一聚吗？好久没见了。”

“现在不行了，我有女朋友了，今晚要陪她。”

·以普通朋友之名，行男女朋友之事·

老生常谈的话题：“男女之间真的有纯友谊吗？”很多人说，如果一对男女之间存在纯友谊，必定有一方图谋不轨，而另一方揣着明白装糊涂。

生活中从来不乏这种所谓的“纯友谊”关系，所以掌握分寸、拥有距离感就显得极为重要。在一段感情中，如果被一些没有距离感的异性朋友插足，那简直是致命的问题。恋爱前，和自己的朋友——无论男女——打打闹闹很正常，但是恋爱

后，这个分寸就需要仔细度量，不要轻易逾越，以防这段感情因为异性朋友而产生嫌隙。

其实，大家介意的从来都不是“是不是纯友谊”这件事，而是打着异性朋友的幌子却做着男女朋友才能做的事，比如聚会“蹭车”接送、生病及时“送温暖”，甚至分享生活中大大小小的琐碎事情，所做的事情与情侣无异。

似乎彼此都没有跨越那条界线，但是彼此都明白，在某时某刻，一定有过摇摆和心动，有过犹豫和挣扎。

我一直认为，一个人是没有办法与喜欢的人做朋友的，更没有办法与不喜欢的人很亲密，这是人的本能反应。真的喜欢一个人，那种喜欢会从眼睛里溢出来，会从一举一动中透出来。真的不喜欢一个人，笑意从来不达眼底，身体会条件反射地排斥、避让。友情、亲情和爱情之间往往一线之隔，两个没有距离感的异性相处会很容易模糊掉爱人和好朋友之间的界限，甚至打着友情的名义暧昧不清。

小鱼刚和男朋友在一起时，男朋友就主动坦白，他有一个相处了十年的发小邻居，女生，他从小当妹妹看待，所以联系频繁了些，不过现在分隔两地。男朋友对小鱼很好，所以小鱼知道这件事后也没太在意。

可是慢慢地，小鱼发现男朋友与对方的联系不只是他说的“频繁了些”，而是太频繁了。男友会在给小鱼准备礼物的时候也给发小准备一份；会每天和发小分享日常，包括他和小鱼的恋爱日常；甚至会专门去发小所在的城市看望她……男友和发小的亲密让小鱼很介意，于是就和男友提了几次，让两人保持一些距离。但是，每次男友都会无所谓地说：“她就是我妹妹，我们之间怎么会有其他的感情呢？”

发小来小鱼他们这里旅游，小鱼和男友一起接待了她。三个人同行，男友和发小勾肩搭背地笑闹，逛街、吃饭、看电影都尽量迁就发小的喜好，相比下来，一路上小鱼更像那个“电灯泡”，虽然发小一直在说：“你别介意，我们都这样闹了十几年了，一下子改不过来。”

发小离开后，小鱼果断地向男友提出了分手，结束了这场三个人的恋爱。

喜欢一个人，会想成为对方爱情世界里独一无二的存在。

想自己的微信备注在对方的通信录里最显亲昵，想在睡前醒后都能第一时间收到对方的问候，想对方要分享事情的时候第一个就能想到自己。

在爱情里，我们需要的是做对方心里的唯一，不可能让他再为另一个人留下位置。

·保持界限感，才能保持长久的友谊·

保持和其他异性的距离感和分寸感，是成熟爱情的标志。异性朋友之间的关系再好，也一定要有界限感。

有些事，只能在爱情中发生，不该在其他感情中发生。

我们恋爱时，势必要为这段感情和另一半负责，任何让另一半感到不安的异性社交都该回避。跟异性社交时，你即便可以做到问心无愧、毫不越界，却左右不了别人的思想和行为，如果不能主动把握好分寸感，那么很可能伤害到自己真正爱的人。

所以，有了另一半后，首先要杜绝和异性之间的肢体接触，比如勾肩搭背、打打闹闹，这是最容易让另一半产生不安和不适感的形式。其次，尽量不要和异性朋友单独见面，就算见也要带着另一半，三个人可以一起聊聊共同感兴趣的话题，让另一半有参与感。最后，减少不必要的联系，这是踏入一段感情时必须要做的割舍，也是对另一半最起码的尊重。

这不是矫情，不是小气，更不是无理取闹。恋爱后的人，一定会因为在乎对方的感受而去适当调整跟所有朋友的相处模式，而且我也相信，真正的朋友会理解你，会自动退到一个安全的距离。

选择另一半时，三观和性格真的很重要吗？

什么是三观不同：你敬畏天理，他崇拜权威，这是世界观不同；你站在良知一边，他站在赢者一边，这是价值观不同；你努力是为了理想的生活，他努力是为了做人上人，这是人生观不同。

·三观和性格不要混为一谈·

我被很多人问过这样一个问题："恋爱结婚，三观一致、性格切合就那么重要吗？"

回答这个问题之前，我们先来说说性格和三观这两个概念。我觉得两者不能混为一谈。

我们通常所说的"三观"，一般是指世界观、人生观、价值观。简单来说，就是这个人是怎么看待这个世界的，是怎么看待他的人生的，是怎么看待自己以及他人的。

而性格，借用《辞海》的解释：性格是指人的态度和行为方面的较稳定的心理特征，如寡断、刚强、懦弱等，在社会实践活动中逐渐形成和发展。通俗来讲就是对一个人是活泼开朗或内向敏感的判断。这样的判断虽然比较片面，但很普遍且容易理解。

我认为两个人的性格无论相似还是互补，只要切合，都有在一起的可能：性格相似，就会有许多共同话题，面对问题时想法和行为会比较一致，产生矛盾的概率就小；性格互补，对于自己所不具备的特性，一般人会持渴望羡慕的心态，很容易因为互相吸引从而走到一起。

但如果两个人三观不同，那能走到一起的概率基本为零。

毛姆在《月亮与六便士》中写道："什么是三观不同：你敬畏天理，他崇拜权威，这是世界观不同；你站在良知一边，他站在赢者一边，这是价值观不同；你努力是为了理想的生活，他努力是为了做人上人，这是人生观不同。"

一个人的性格有可能因为世事而改变，但已经建立的三观，极难改变。

所以，我个人觉得，选择另一半时，首先要考虑两人三观是否相合，在此基础上，再考虑性格的适配度才最合适。

· 三观和性格在爱情中真的很重要 ·

我之前谈过一段时间很长的恋爱，结束的原因也很无奈，就是因为三观不一致，性格有冲突。

大学时候，在别人眼里，我俩是天造地设的一对，没有人比我们更合拍。

直到毕业后步入社会，我们才发现两个人对未来的发展方向和期许是完全不一样的。我性格比较积极，认为实现自我价值最重要，觉得人生在世总要奋力拼搏一下才能活出自我；但是他性格就很佛系，觉得在经济条件可以的情况下没必要再折腾，安稳地生活比较重要。

我只能说，谁的想法都没有错。只是我们两个人从小的生活环境和一路走来的经历不一样，因此建立的三观、养成的性格才会产生如此大的差异，直接导致在未来规划上产生分歧。

他从小家境殷实，无论做什么事都很有底气。他的家庭让他笃定不需要很努力也不会过得太差。但是我恰好相反，我从小就知道，我不努力奋斗的话没有人可以帮我，我必须要跑得比别人快很多，才有可能得到别人很容易就能得到的机会。

最后，我们分手不是因为第三者，不是因为财富实力，也不是因为能力问题，而是因为三观不合，性格相左。

因此，我觉得三观和性格在爱情中真的很重要。

经常看到一句话："你不知道我经历了什么、吃了多少苦，才能有资格和你坐在这里喝一杯咖啡。"

一个人的行事风格是由他成长环境中的每一件小事堆砌起来的。毫不客气地说，一个从小家境优越、接受良好教育的人，很难和那些费尽力气、耗尽心思从艰难困苦中挣扎出来的人共情。

仔细想想，大多数人一辈子都只是在自己的圈层里力争上游而已。所以能够选择和你在一起的人，一定是与你能同频共振、产生共鸣的人。因为频率不同的两个人，就像播放中的收音机，只要频道错位就永远无法倾听到对方的心声，即使朝夕相处，也终究不能心归一处。

21世纪了，不会还有人做着影视剧中那种“王子”爱上“灰姑娘”的白日梦吧？快醒醒，你不会真以为“王子”会蠢到放弃智慧超常、能力优秀的“公主”而选择能力平庸、圣母心泛滥的“傻白甜”吧？

丑小鸭之所以能变成白天鹅，并不是因为它有多努力，而是因为它本身就是白天鹅的孩子啊。

心动只是导火索，心定才是爱情的开始

曾经以为爱情里最离不开的是玫瑰，现在才懂得默默陪伴胜过万千朵玫瑰。

·喜欢是心动，而爱是心定·

什么是喜欢？是第一眼的心动。对方开心你也跟着开心，对方难过你也随着难过，对方的一举一动、一言一行都牵引着你的心绪。喜欢总是带着青涩和懵懂，带着不自觉的躲闪和讨好意味，让人学会小心翼翼地收敛自己的缺点。

什么是爱？是点滴喜欢沉淀后的心定。对方开心你与有荣焉，对方难过你异常心疼，对方的一举一动、一言一行都是你心之所向。爱总是深沉的样子，带着满满的安全感，让人不自

觉暴露缺点后依然能感受到沉稳安定。

有人说过："喜欢是放肆，而爱是克制。"心动的喜欢虽然热烈但很脆弱，而心定的爱却能让人变得勇敢且坚定。所以，我觉得心动是一场恋爱的开始，而心定才是一段爱情的开始。

闺密小鱼结婚三年，渐渐开始不在老公面前注意自己的形象。我劝她多注意一下，毕竟结婚时间不长，且她老公身边有许多年轻漂亮的女人围绕。但是小鱼不听，依然我行我素。

看到她这样，我有点儿恨铁不成钢，私下问小鱼："你难道一点儿危机感也没有吗？你不觉得这样会慢慢配不上对方吗？"

小鱼笑了笑说："配不配得上关键看他。若是他想留，自然谁也抢不走；若是他想走，我也留不住。"

听她说完后，我不知道该为她的盲目自信喝彩，还是为她的洒脱感到服气。直到后来的一次偶然，我总算明白她为什么这么有底气了。

那天晚上，我在饭店和朋友吃饭的时候，正好看到小鱼的老公被一个漂亮的女人穷追猛打的场景。我当时觉得有些糟糕，因为这个女人不仅外表光鲜亮丽，言语行动也够大胆开放，且看周围人的反应，她的人缘应该不错。还没等我有下一步行动，小鱼的老公接下来的行为和话语令我记忆犹新。

他先是撑开一条胳膊，与女子保持了安全距离，然后礼貌地微笑着说："很抱歉，谢谢你的喜欢，但是我已经结婚了，而且特别爱我的妻子。也许她没有你漂亮，也不像你一样有能力，但她在我心里是最美最优秀的，以前是，现在是，将来也会是。"

他拒绝得毫不含糊，体面又直白。那时我才明白，小鱼为什么会对自己如此自信，又对老公如此放心。她不是不怕，而是男人早就给了她足够的安全感。

女人遇到对自己心动的男人，是幸运；遇到对自己心定的男人，是幸福。心动的爱情可能只是短暂的一阵子，但心定的爱情则是漫长的一辈子。

·陪伴是最长情的告白·

作家苏芩曾说过："世上最奢侈的人，是肯花时间陪伴你的人。谁的时间都有价值，把时间分给了你，就等于把自己的世界分给了你。”如果一个人愿意把时间花在你身上，不用怀疑，他一定很在乎你。

爱情中的新鲜感是有时限的，就像放肆的喜欢终会褪尽热情，归于平淡。至于沉淀下来的是沙砾还是沙金，要看这段感情是否经得起考验。爱情只有经历过时间的考验，才可能长长久久。

爱情说来也很简单，不过是她一路跌跌撞撞地前行，你一路磕磕绊绊地陪伴，直到终点双方都没有离开。

不知道是因为年纪问题还是因为经历过风雨，常常会因为这样的情景而感动：两位互相搀扶的老人在路上慢慢前行，花白的头发和佝偻的身躯展示着时间在他们身上留下的痕迹。偶尔老太太或老大爷还会小孩子似的拌几句嘴，或者嘟囔着一些琐事。

每次看到这样的情景，即使身处寒冬，我也仿佛看到了春光荡漾。我觉得当时我的眼睛里肯定盈满了羡慕，羡慕他们一起走过了几十年的时光，见证了春夏的明媚、秋冬的萧瑟，而那个能够陪伴一生的人，最终还留在身边。

突然就想到舒婷在《致橡树》里写的话：“我们分担寒潮、风雷、霹雳，我们共享雾霭、流岚、虹霓。仿佛永远分离，却又终身相依。”

一直互相陪伴的爱情才是最让人羡慕的爱情。我们这辈子会喜欢很多人，但只有遇到让自己愿意安定下来的那个人时，才能算真正学会了爱一个人。

让我们心动的可以不止一个人，但能让我们心定的，就只有一个人。遇见你之前，我没想过结婚；遇见你之后，我没想过别人。

我的爱，从来不和差点儿意思的人周旋

我们领教了世界是何等凶顽，同时又得知世界可以变得温存和美好，而这所有温存和美好的来源，都是因为你有一个可以随意去打扰的人。

· 我热爱中国武术，但我不喜欢在爱情里打太极 ·

在感情这件事上，总会有人给你讲很多道理，比如爱情讲究的是势均力敌，不要总是一厢情愿地付出。可是感情有时候并不遵循“当局者迷，旁观者清”的道理，你不深陷其中，永远不会明白你能爱多深，也体会不到放手有多难。

很多人喜欢并渴望的爱情，应当是那种坚定的、直接的、炽烈的感情，能让自己感受到百分之百的安全和毫无理由的偏爱，能让自己在疲惫的工作之余得到治愈，让自己想到对方便觉得什么辛苦都可以忍受，而不是想到这份感情就感觉到压力。生活的担子已经足够沉重，大家实在没有精力再在一段感情中耗费太多心血，时间如此宝贵，如果对方值得，那就在一起；如果不值得，那就好聚好散。

虽然我很热爱中国的传统武术，但是我实在不喜欢在爱情里打太极。在感情里不打太极是对这份感情起码的尊重，让人绞尽脑汁去猜、去想的那种人，不值得你为他付出太多。

现在的年轻人，没有人喜欢花费大量的时间去琢磨一个人到底喜不喜欢自己，这种焦虑、患得患失的情绪，其实从一开始就让这段感情有了崩塌的机会。

有人会问，一开始的时候你怎么判断这个人适不适合你呢？或许他只是在等待一个最好的告白时机呢？没错，可能我无法判断这段感情的好坏，也无法一下子判断这个人到底适不适合我，但是起码我可以判断我喜不喜欢这样的自己。

我觉得一段好的感情是不需要靠猜的，直来直去才真诚，合理沟通才是爱！大家相遇、认识、相处、发展，是为了携手前行，为了让彼此变得更优秀，为了让人能够更加积极乐观地面对生活，而不是变得患得患失、焦虑不安。

很多人说爱情是需要一点儿心机来维持的，甚至推出了“爱情三十六计”，什么以退为进、欲拒还迎、围魏救赵，等等，当然一切的目的都是为了抓住对方的心，让对方时刻为自己牵肠挂肚。

对于这些行为，我的看法是：可以，但没必要。但凡需要你耍心思、用心机的感情，只能说明还差点儿意思。把大把时间和精力放在这种形式的感情上，那大可不必。这种差点儿意思的爱，不要也罢。

在感情中有一个很重要的东西叫“安全感”，如果在一段感情中，你开始患得患失，每天担心他还像不像从前那样爱你，他的心里眼里是不是只有你，那这段感情已经变质，已经从原来的甜蜜变成了一种负担。

相信我，真正爱你的人是不会忍心让你陷入这种自我怀疑的情绪中的，再粗心大意的人，也会心思细腻地察觉到你的不安，在你发问之前便会想办法解决；如果他始终没有行动，那说明他对你的爱终究差点儿意思。

主动给对方提供满满的安全感，这才是一段健康、稳定的感情应该有的样子。

·与其吸引一棵树的注意，不如吸引整片树林的目光·

人生不是只有爱情这一件事。谈恋爱只是为了在人生的旅途中能有人结伴而行，让人生这条路变得更快乐、更有意思。但如果将爱情这件事看得过重，整天念叨“他到底有多爱我”，时刻想着“怎么让他更爱我”，那就得不偿失了。做人过刚易折，凡事过犹不及的道理大家都懂。

时间如此宝贵，精力如此有限，生活的压力、家庭的琐碎、工作的烦恼、不得不进行的社交等，已经消耗了我们太多的时间与精力，我们渴望的是在感情中获得充电和满足，是可以卸下伪装做自己的放松，是在完成了一天的工作后，回到家有一个随时为我打开的怀抱，能帮我抵挡门外的一切风雨，而不是那些猜来猜去的无聊把戏。

一段良好的关系是不需要猜来猜去的，更不需要靠耍小心机、小聪明来维持，可以有情趣，但不能有猜忌。两个相爱的人在一起，开始一段不能将就的感情，最重要的就是通晓彼此的心思，所有想法都会第一时间告诉彼此，双方永远都是彼此世界里的“第一选择”。

所以，与其花费心思去猜对方有多爱你，怎样才能让他更爱你，不如花时间、精力投资自己来获得更多人的喜欢。

你要始终相信，喜欢自己比喜欢世界更加重要，努力让自己发光，对的人才能迎光而来。

珍惜每一份热情，不讨好任何的冷漠

每个人能付出的爱都是有限的，爱的时候不亏欠每一份热情，我全心全意对待；不爱的时候不讨好任何的冷漠，随时准备离开。

·只有心无所恃，才能随遇而安·

忘记从哪里看到过一个段子：我们好多人都长了一颗《红楼梦》的心，却生活在《水浒传》的世界里，想交些《三国演义》中肝胆相照的朋友，却总是遇到《西游记》中那些妖魔鬼怪。

仔细想想，居然说得很有道理。从小到大我们与无数人相遇相识，也曾抱着一颗真诚的心勇往直前，却在见识了不少“牛鬼蛇神”后懂得了适时退却，学会了掌握分寸。因为无能为力，所以有时候只能顺其自然。

爱上一个人，会从高傲变得卑微。一举一动、一言一行都会变得小心翼翼、如履薄冰。遇到一些性格忽冷忽热、情绪时好时坏的人，更是让人无所适从，即使产生感情，也只会让人感到不安定。可是，如果对方真的爱你，他肯定会主动将这份卑微慢慢扳平，把不安渐渐抚平。如果一段感情让你只能处在下风才能继续，那这段感情从一开始就不对等。即使你费尽心思去取悦对方，他最终也不会与你并行。

真的爱你的人，真正合适的人，从来都不需要你费心思刻意地讨好，因为他们喜欢的、欣赏的从来都是你真实、骄傲的样子，而不是你虚假、讨好的样子。

所以，真正坚固的感情，根本用不着“欲擒故纵”“瞒天过海”等三十六计轮番上演，不过是你怀着热情而来，我敞开怀抱迎接；你以冷漠对待，我也随时准备着离开。爱情中最忌讳的就是爱一个人爱到失去自我，最要不得、最没意义的就是自我感动，因为它们不能证明你有多专一，但是却能证明你有多软弱。

无论是在感情中还是生活中，无论对待友情还是爱情，我们都要努力学会淬炼《红楼梦》的心，遵循《水浒传》的生存法则，懂得争取《三国演义》中肝胆相照的朋友，选择性对待《西游记》中的妖魔鬼怪。

希望你始终都能被世界温柔以待，能够用心对待每一个为我们付出同等真心、真正爱护我们的人，不辜负每一份来之不易的热情，也不去刻意讨好迁就任何的冷漠。

·有所保留，才能让爱情走得更远·

很多人长大以后学会的第一件事就是懂得有所保留。以前我一遇到投缘的人，无论男女，都会忍不住掏心掏肺地对待，会把自己所有的事情——好的坏的——全部交代得干干净净。我以为那叫真诚，从来没想过那些会成为自己的软肋，成为刺向自己最锋利的匕首。后来吃亏吃多了我才明白，毫无保留不是真诚，是真傻。

都说学校是象牙塔，虽说没有那么绝对，但是与步入社会的未来相比，学生时期的友情、爱情总是更纯粹动人一些。

上学时，每次分班都能结交不少新的朋友，当然，其中难免碰到喜欢的对象。那时的感情总是热烈直白的，行动总是一往无前的，对朋友、对恋人，我们都会毫无保留地付出，崇尚“专注是独属于年轻人的浪漫”，我想，这也是很多人对学生时代的爱恋念念不忘的原因吧，那可能是这辈子唯一一段没有任何利益掺杂的感情。

仅仅因为某一个黄昏，身披霞光的他无比好看，于是怦然心动。我喜欢你，仅仅是喜欢你这个人，与你的家世背景、文化学历都不相关，我喜欢你，仅此而已。

离开学校成为真正的社会人后，渐渐懂得同事不等于朋友、爱情不等同于一切的道理。成年人的世界不是交换秘密就能换得真诚，更不是付出真心就能获得爱情。有时候毫无保留并不一定会换来对方同等的对待，反而会让某些“魑魅魍魉”乘虚而入，或者利用，或者伤害。

于是我们开始慢慢学会在与人交往的过程中隐藏自己，说话做事都有所保留，不再口不择言，不再肆无忌惮。

甚至有时候我们必须放下骄傲，承认自己错了，即使你自己背后偷偷定义这不是认输，只是成长。

在社会这所学校中，我们学会行色匆匆地应付生活，戴着面具敷衍社交，有所保留地“半”真心相爱。不得不说，这样确实避免了很多麻烦和伤害。感情容不下无所顾忌，学会成熟谨慎地对待一段感情，多一些思量与保留未尝不是一件好事，这样反而能够走得更远，爱得更久。

没有伞的我们只能学会在雨中奔跑。如果你不能炼成保护自己的盔甲，就只能逼着自己强大。

爱是需要积累的，不爱也是

“怎么能突然就不爱了？”

“不是突然不爱了，而是层层叠叠、密密麻麻的小事堆积倾轧，让你在某一天突然意识到已经不爱了。”

·一见钟情还是日久生情？·

一见钟情和日久生情哪个更让人心动？

有的人说一见钟情能够让人感受到更强烈的浪漫，是一段感情的美好开端；有人认为，日久生情是对一个人全面了解和接纳之后的必然，能让一段感情更稳固地发展。

客观来说，我觉得一见钟情和日久生情并不矛盾冲突，它只能体现每个人对情感的认知和追求不同。很多人在情窦初开时都曾期待过一见钟情，而成长后会慢慢倾向日久生情。其实，不管一见钟情还是日久生情，只要感情是真挚的，都值得用心经营。

主观来讲，我是一个不太相信一见钟情的人，觉得没有一定基础的感情就像没有地基的房子，经不起风雨，随时都有坍塌的可能。所以我更相信循序渐进的感情，拥有坚实基础、经过时间考验的感情才更稳固长久。

钱锺书和杨绛先生在阳春三月的那场一见钟情和白头到老的爱情，毕竟只是个例，有多少女生能不溺于钱老的那句“我见到她之前，从未想到要结婚；我娶了她几十年，从未后悔娶她，也未想过娶别的女人”？

文学家巴尔扎克曾经说过：“天性是百发百中，万无一失的，这种的天性叫一见生情，而爱情方面的第一眼，就等于千里眼。”心理学上也有“首因效应”这一说法，指初次见面形成的第一印象往往决定了我们内心最直观的感受和想法。这里的第一印象主要包括装扮、表情、仪态、气质等方面。不可否认，第一印象十分重要，且这种印象会持续很久。所以，良好的第一印象就是产生爱情的捷径。

可是一见钟情的隐患也来源于此，在你还不了解对方的性格、爱好、习惯的时候，单凭第一印象就先入为主地心动，就像没有地基的空中楼阁，容易倒塌。

没有牢固基础的感情，在越来越多的不合适暴露时，感情很容易就会消亡。因不了解而在一起的爱情，最终会因为了解而分开。

这也是我们见到很多源于一见钟情的感情并不长久的原因。所以，我更倾向日久生情的爱情。我一直相信爱是需要积累的，它需要双方深入地了解、不断地磨合，去掉一见钟情的滤镜，把能吵的架吵完，该遇到的问题都解决掉，该尝的酸甜苦辣都品尝过，这样一点一滴积累起来的爱情才是健康、牢固、稳健的，才是更值得我们追求的。

·撑得过柴米油盐的心动才叫爱情·

最持久的爱不是乍见之欢，而是相处不厌。心动只需要一瞬间，相爱却需要一辈子。

有时候也会疑惑，相爱时那般轰轰烈烈，怎么就这么容易不爱了呢？

《金粉世家》里风流倜傥的贵公子金燕西，对清纯可人的女学生冷清秋一见钟情。为了追求冷清秋，金燕西投其所好，重金租下冷清秋家隔壁的院子组建诗社，大手笔赠送百合花，向日葵地制造浪漫，设计从天而降的横幅表白……两个人在自愿迁就和极致热情下走到一起。然而，尽管两人有过如此多甜蜜的时刻，最终还是逃不过生活细枝末节的考验。

他们因为生活方式的不同数次争吵，因为工作爱好而互不理解，因为人际交往而互相猜疑、互相冷落……原来的情深几许被生活的琐碎慢慢消磨，终成陌路。从相爱走到反目，从浪漫甜蜜到一地鸡毛，不过几年时间。

最后，冷清秋抱着孩子远走他乡，与金燕西乘坐的火车背驰而行。这一幕成了多少人心中的意难平：爱得炽烈如火的两个人，怎么就走到了这个地步？

在爱情中，或许你也有过同样的困惑：明明一开始感情浓烈，怎么就不知不觉开始消磨，开始频繁争吵？看似般配的爱情，为什么私下却有数不清的委屈和忍耐？最初的灵魂伴侣，为什么会随着时间失去默契，觉得对方越来越不懂自己……

我只能说，爱是一点一滴地积累而成，不爱，也是一点一滴地堆砌而就。每段相爱都会在热烈过后归于平淡，而这时候才是爱情经受考验的开始。

动人的情话谁都会说，漂亮的礼物谁都能送，真正难以做到的，反而是在日复一日的柴米油盐里，用一些细碎的举动来表达爱情。

抛开热恋时的花前月下细品茶，归于平淡的柴米油盐话桑麻，撑得过数十年这样平淡的生活，你的心动才算爱情。

所以，只有经历了柴米油盐的心动，才是真正的爱情，才有可能相伴一生。

我介意的不是你的过去，而是你的过去还没有过去

没用的东西，再便宜也不要买；不爱的人，再寂寞也不要依赖。

·前任已过，再无瓜葛·

前段时间某平台在上海举办电影奇遇夜，其中有部系列电影的宣传迎来不小的热度，那就是《前任 4：英年早婚》。通过这波热度不难看出，“前任”的话题永不过时。网络上关于“前任”的话题也层出不穷，最有名的应该是傅首尔的一句话：“每一个合格的前任，都应该像‘死’了一样。”

这句话看似玩笑，却也现实，很残忍，又很中肯。

许多人说，相爱这件事是神圣的，在我看来，分手这件事同等重要。

每一次分手，都不应该是一气之下做出的选择，而应该是深思熟虑之后做出的决定。

这件事从头到尾都是两个人之间的事，不应该再牵扯第三个人，尤其是无关更无辜的人。

“前任一哭，现任必输。”这句话曾在网络风靡一时，它之所以被称为“神预言”，是因为戳中了无数人的心事。

朋友果子和男朋友阿宏恋爱两年，终于决定结婚。他俩请双方的好朋友一起吃饭宣布这个好消息。正当大家把酒言欢的时候，阿宏的前女友突然不请自来。阿宏的兄弟们都认识她，见到突然出现的她显然也是吓了一跳。气氛一时间很尴尬，大家都看向果子。

果子当然也知道她，出于礼貌，还是让她坐下来了：“既然来了，一起吃个饭吧。”

前女友端起酒杯祝福男生：“祝你新婚快乐。”接着一饮而尽。

之后的饭局气氛明显不如之前轻松。因为前女友真是肉眼可见的欲哭不哭，频频看向阿宏。

别人什么感觉我不知道，作为果子的朋友，我是感觉挺气愤的。这简直是在赤裸裸地打果子的脸啊。

前女友最终提前离场了，阿宏随后找了个借口出去送她。果子怔忡了一会儿，也推门走出去。没过一会儿，她就眼眶红红地回来了。她那上包包和外套，叫上我们几个好友，直接离开。

我们在离开途中，看到了追过来的阿宏。他拉着果子的手臂说：“我们真的没什么了，就是看她哭得太可怜。咱们就要结婚了，你相信我。”果子盯着阿宏好一会儿，直接问：“你爱我吗？”

男生眼神瞬间犹豫，顿了顿说出来一句牛头不对马嘴的话：“我爸妈挺喜欢你的。”

果子瞬间甩开阿宏的手，转身走了。

后来我们才知道，果子在出门后不远的转角处，看到了阿宏和哭着的前女友拥抱在一起的画面。

·前任是抓不住的沙，不如扬了它·

我很喜欢《断舍离》里面的一句话："对于无能为力的事，当断；生命中无缘的人，当舍；心中的烦郁执念，当离"。

在我看来，前任就是那个无缘之人，所以我们要有"当舍"的态度。既然已经选择分手，那关于前任的一切，或好或坏，都应该尘封起来，不回想，不眷念。只有这样，我们才能更快更好地积聚勇气、重拾信心，继续向前，继续去爱。

紧握在手中的碎玻璃虽已刺入血肉，也必须忍痛拔出。不能仅仅因为曾经握紧过，就不顾它扎进肉里流出来的血。

有句话说得好："他是旧人，而我不念旧。"这才是对待前任应有的态度，在爱里念旧可不算什么美德。

每个人都有属于自己的过去，在遇到真正对的那个人之前，肯定会有前一个人在陪伴。这是没有办法改变的事实，但它不应该成为之后感情的束缚。

我说过不介意你的过去，那是因为当时我没来得及参与，即使遗憾，但于事无补，所以我会好好珍惜现在及未来与你的时光。可当你的过去依然没有“过去”，或者说藕断丝还连着时，我会非常介意。

你要相信，我们所遇到过的每一任前任，都是过往。凡是过往，皆为序章。

我们在感情中成长，对待感情越来越成熟，然后拥有更美好的爱情，这是我们与前任之间最大的温柔和最后的告别。

这世上只有和好，没有如初

“为什么情侣分手复合的概率为82%，能走到最后的只有3%？”

“因为复合后很多人会重蹈覆辙，所以即使两人能走到最后，也只能和好，不会如初。”

·爱情中的争吵最怕翻旧账·

林徽因曾说：“人一旦有了隔阂，就真的走不近了。这个世上只有和好，没有如初。旧账重提是因为它从未被妥善解决过，热情这东西耗尽了，就只剩下疲惫和冷漠，细节中崩溃，失望中放手。”

与关系再好的朋友生了嫌隙，感情尚且不能完全修复，爱情如此细腻脆弱的东西，一旦碎裂，再怎么修补也不可能恢复如初。

以前总觉得，好的爱情应该是浪漫、梦幻、轰轰烈烈的；年岁渐长，才渐渐明白最值得羡慕的爱情是那种细水长流、久处不厌的模式。从激情恋爱到平淡相守，有时候更像是一场旷日持久的拉锯战，矛盾和冲突时有发生，考验着我们对爱的理解、对未来的规划、对生活的妥协程度。走过浪漫，又能撑过鸡毛蒜皮、柴米油盐的爱情才算修成正果。而在这个过程中，吵架是永远避不开的话题。

最伤感情的吵架方式，莫过于不停争对错、不断翻旧账。没有人喜欢自己过去的行为——尤其是不好的行为——被人记住，还一遍遍被提起。揭人伤疤，本就不该，更何况你们还相爱。可人在吵架时会习惯性被愤怒冲昏头脑，即使前几分钟还在甜蜜互动，也能在下一分钟把对方的老底揭个干净。吵一架后，你才知道原来自己竟有那么多地方令对方不满意。

朋友阿文结婚三年，与妻子菜菜的日子一直过得幸福甜蜜。可是两人在一次清理家里的杂物时，阿文无意中翻出了菜菜的一个日记本，里面记录了菜菜和前男友不少琐碎的事情，当然，也包括那时的浪漫和亲密。

阿文对此非常生气，倒也不是单纯吃前男友的醋，是因为菜菜曾和他说自己没有谈过恋爱。现在看到这本日记后，阿文突然有一种上当受骗的感觉。

菜菜当场坦白并郑重道了歉，阿文当时也选择了原谅。但自此之后，两人之间还是有了一些隔阂。虽然阿文一直很努力地在克制自己，但是后来每次因为琐事吵架，他还是会经常不自觉地把这件事翻出来说。更可怕的是，翻旧账是会传染的，菜菜慢慢也开始走上吵架翻旧账的道路。所以每次两人的争吵都会演变成一场无硝烟的“战争”……

阿文说，他也知道这样的吵架很伤感情，纵使和好，但吵架时翻的那些旧账、放的那些狠话，永远也收不回了，当时有多狠，伤害就有多深，但他真的控制不住又无可奈何。

有句话说“小吵怡情，大吵伤身”，谁都犯过错，谁都有不想被人提起的难事。结痂的伤疤不再碰它才会慢慢痊愈；尘封的伤心事，别总是提起才会随着时间慢慢消逝。所以，两个人吵得再不可开交也不要总提过往，正如一首歌的歌词：爱是原谅，不翻旧账。

·“和好”容易，“如初”太难·

我从来不相信“破镜”真能“重圆”。摔碎的镜子修复后即使依然可以照出人影，但它终究存在裂痕，不再是原来完好的镜子了，破镜重圆之说本就是不科学的。所以在感情中，我也觉得分手后“和好”容易，但“如初”太难。

室友燕子性格洒脱，做事干练。我向来觉得她这样的人干什么都干脆利落、事过无悔。但出乎我的意料，她在感情中居然也会有吃“回头草”的一天。

燕子和男友相恋五年，在第三年的时候选择了同居。两人感情和谐的时候蜜里调油，有矛盾的时候架也没少吵。同居后两人都渐渐暴露出很多以前忽略的问题，因此吵架频率与日俱增，大到双方家庭的问题，小到碗筷的摆放，都可以成为吵架的理由。在又一次没有结果的争吵后，两人决定分手，让自己解脱，也放对方自由。爱的时候有多甜蜜、多热烈，分手的时候就有多狼狈、多惨烈。

可能“距离产生美”是真的，分手后的两人在时间的冲刷下慢慢淡忘了当初的很多不愉快。也许是两人在分手期间都没有找到另外合适的人，也许是两人本就放不下那段感情，所以他们又慢慢地走到了一起，身边的朋友也都送上了祝福。可是，很快，就在大家还在羡慕这段破镜重圆的感情时，两人却再次分手。

燕子说，她以为两人重新在一起后，都会更珍惜这段感情，可事实并非如此。在这段复合的感情中，双方相处都变得小心翼翼，完全没有以前的轻松自然，生怕踩到对方的雷区。

在两人产生分歧的时候，总会有一方沉默不语，变相地逃避话题，因为看到过对方的冷漠和无法释怀，很怕再重蹈覆辙。这种相处的状态，两人根本感觉不到原来的爱，只余尴尬。

他们终于明白，两人再回不到当初相爱的模样。与其这样，还不如各自安好。

我曾经看到过你爱我的细致模样，所以才知道你现在究竟有多敷衍。

你看，一段感情想要“和好”容易，但想要“如初”，太难。

变心是一种本能，但忠诚是一种选择

一辈子太长，每个人都有无数个心动瞬间，在不同的时间、地点，倾慕于不同的人，即使在拥有伴侣之后仍无法避免，不过是理智战胜了冲动，责任稀释了荷尔蒙。

·变心是一种本能，防不胜防·

我和朋友们曾热烈地讨论过一个话题："拥有伴侣后再遇到心动的人，该怎么办？"出乎我的意料，大部分人居然选择放弃前者，与后者在一起。而他们做出这种选择的理由是，如果你足够爱第一个人，那就不会出现为之心动的第二个人。

我觉得他们的理由有些强词夺理。《阿狸·永远站》里有句超经典的话："我们的一生会遇到8263563人，会打招呼的是 39778 人，会和 3619 人熟悉，会和 275 人亲近，但最终，都会失散在人海。”

所以，你永远无法阻止起码 275 人的亲近，而这些人中，肯定不乏好看的皮囊、有趣的灵魂，你怎么保证自己在如此多的诱惑下不会第二次、第三次甚至更多次心动？所以，变心是一种本能，它根本不可控。

去年电视剧《三十而已》火爆荧屏，其中许幻山和顾佳这对夫妻得到了大家最多的关注。在前期剧情中，许幻山经受住了诱惑，当他意识到自己跟公司员工林有有的关系快要不可控时，还是克制住了自己，明确拒绝，并直接删除了对方的联系方式。这说明，当时他已经在变心的状态下做了选择：拒绝林有有，守护妻子和家庭。只可惜，这个拒绝太短暂，许幻山最后还是没扛住诱惑，出轨林有有。

你说他不爱顾佳吗？其实是爱的，即使在出轨后，他爱的人也还是顾佳。但为什么在还爱的情况下，他依然出轨？

我认为这是人的新鲜感在作祟，每个人都有想了解新事物的好奇心，都渴望得到更多人的关注和崇拜，当然，剧中的两人还有别的原因，但总归逃不过人们常说的那句话：“得不到的永远在骚动，被偏爱的总有恃无恐。”

你看，变心就是一种本能，确实让人防不胜防。

·忠诚是选择，是我对你的承诺·

下面是我写给我未来伴侣的一封信，这些话我想了好久，在心里存了好久，很荣幸能借此机会诉诸笔端。

致我未来的伴侣：

这辈子，我会遇见许多人，但我选择你作为我今生唯一的伴侣。这是我深思熟虑的结果，是我对你、对我们的承诺。我们生活在这个社会关系中，无论婚前婚后，社交活动都不可避免，需要与形形色色的人沟通、交流，在此过程中，我有可能遇到再次令我心动甚至是对我产生致命吸引力的人。我不能阻止这种情况发生，但我可以承诺绝不背叛。人有七情六欲，有些情况避无可避，但却不能成为背叛彼此的理由。人类之所以是高级动物，就是因为知廉耻、懂礼仪，能够控制欲望、遏制危险的想法。

我的一生，无论经历多少次心动，但是我选择只对你一人忠诚。无论今生有多少人从我的世界路过，你永远是我唯一的选择和认定。

周国平老师在微博上写过一句话："再好的婚姻也不能担保既有的爱情永存，杜绝新的爱情发生的可能性。不过，这没有什么不好。世上没有也不该有命定的姻缘。靠闭关自守而得的维持专一且长情的爱情未免可怜，唯有历尽诱惑而不渝的爱情才富有生机，真正值得自豪。"

必须得承认，在这一生当中，我们会面临各种各样的诱惑，哪怕结了婚，也会遇到新的诱惑。

面对诱惑，闭关自守是行不通的，只有在经受诱惑的同时守好底线并坚持到底，才能收获最好的爱情。

所以，不要再说什么情不自禁，成年人做事情要更多地考虑后果，关键的时候你得抑制冲动，懂得拒绝，清醒地做出选择。不具备忠诚的品质，就不要去践踏别人的感情和忠诚。

和最爱的人说最狠的话，和陌生人说心里话

“你收拾东西干吗？一吵架就跑有意思吗？”

“没意思，所以这次走了我就不回来了。”

·被偏爱的总是有恃无恐·

不知道你有没有读过周长海老师写的《一碗馄饨》，我这里只讲一下文章故事的梗概，有兴趣的人可以网上搜索一下原文。

故事讲了一个女孩儿和妈妈大吵一架后跑出家门，经过长时间漫无目的地游走后，她走到了一位老婆婆的馄饨摊前。

她跑出来时还没有吃晚饭，身上也没带一分钱。和蔼的老婆婆看出女孩儿的窘迫，于是善解人意地请女孩儿吃了一碗

馄饨。在吃馄饨的过程中，女孩儿向老婆婆诉说自己的不满和委屈，并说很感激老婆婆，虽然素不相识，但却肯给她做馄饨吃。而自己的妈妈却不能理解自己，和自己吵架后还把她赶出家门，让她不要再回去。

老婆婆听后没有太大的反应，只是平静地说："你想想看，我只不过煮一碗馄饨给你吃，你就这么感激我，那你自己的妈妈煮了十多年的饭给你吃，你怎么不去感激她呢？你怎么还要跟她吵架呢？"

是啊，为什么我们总是对陌生人的小恩小惠感激不尽，却对爱自己的人心怀怨愤呢？

人真的是一种矛盾又神奇的存在，总是习惯和最爱的人说最狠的话，却能毫无芥蒂地对陌生人说心里话。明明爱着，却为什么能恶语伤害？

我问了身边许多朋友的想法，他们中有人说："跟亲近的人讲，得不到回应或回复会很失望，因为从开始就对他们抱着很高的期望。但和陌生人不会，因为从开始就没有抱有期待，所以无论有没有回应都不会失望。"

生活中我们大多数人都会毕恭毕敬地对待上司，和颜悦色地关照下属，肝胆相照地对待朋友。在外面即使心情再差，也能强行忍住，和和气气地跟所有人打交道。可唯独回到家里，面对最亲近的人的时候，我们卸下所有的伪装，肆无忌惮地发脾气、放狠话。我只能说，大家只是被惯坏了，被偏爱的总是有恃无恐。

·既然还爱，就要学会互相坦白·

为什么我们吵架、闹矛盾之后很少会进一步地沟通交流，反而更倾向于同陌生人抱怨？

关于吵架的话题我说过不少次，它是感情中必不可少的调味品，有时候也是一种有效的沟通方式。毕竟我们不是圣人，谁都有情绪失控的时候。而情绪不好的一面，我们大多给了自己最爱的人和最爱自己的人。因为我们心里清楚，即使再吵再闹，对方也不会轻易离开。和陌生人说心里话，是因为想找一个完全没有“威胁”的宣泄口，不会担心对方到处传播，也不用太过在意对方的看法。

不知道你有没有发现，两个人刚开始恋爱的时候，心里话大都能坦白讲出来，反而时间越长，心里话就越难讲出来了。所以，很多人在不吵架的时候是说不出心里话的，只有在两个人吵架时话赶话，反而会逼出对方憋在心里的话。

两日前，刚认识不久的同事小林又跑来找我吐槽她的男朋友，这已经是本月两人第五次吵架了。按她的话讲，她和男朋友的相处模式就是两天一小吵，三天一大吵，似乎不吵架就感觉整个人都不舒服。其实两人在刚刚开始谈恋爱的时候还是很甜蜜的，毕竟有共同的爱好，“三观”一致，所以从来不缺话题。

可不知道从什么时候开始，两人之间的分歧越来越多，且每次都公说公有理，婆说婆有理，互不相让。这种情况在后来的相处中愈演愈烈，导致小林每次和男友在一起的时候，说不到几句就会控制不住自己的情绪吵起来。

更糟糕的是，两人吵架的时候完全不懂什么叫适可而止，都是冲着对方的痛处下手，什么狠话都说，什么恶语都放，结果就是一个火冒三丈，另一个恼羞成怒，说不欢而散都是轻的。

小林很苦恼地说她根本不喜欢这种在恋爱时经常吵架的氛围，毕竟两个人在一起，是决定要长久地走下去的，希望能得个圆满。自己很清楚，以现在这种状态，两人很难长久。

说实话，我和小林认识不过一个月，并没有熟悉到称为朋友的程度，但她却十分愿意把我当成“国王的树洞”。只要她和男朋友吵架了，就喜欢跑到我这里吧啦吧啦吐槽一通。

我很好奇，她为什么愿意分享这些给我这个不熟的人听呢？后来她解释说，她也需要找人倾诉，但找熟悉的人说又不好意思，且容易产生误会和麻烦。而我不是她那个圈子里的人，她说起来不用有所顾忌，比较痛快。

我又问她：“为什么你宁愿对我袒露自己真实的想法和感受，却不把这些话讲给男友听呢？”

她思考了一下说：“我不知道怎么开口！我很多次想坐下来和男友好好谈谈，摊开讲讲两人之间存在的问题，可是每次说着说着就又无法控制自己了。但我根本不想吵架，我想我们都能适当地退一步，对对方多一点儿妥协和包容。我现在根本看不到我们的未来。”

我说：“你和陌生人都可以讲心里话了，为什么对爱的人却开不了口呢？如果你想和男友的关系有所好转，那肯定要把刚刚对我讲的这番话告诉他，你要让他知道你们之间问题的症结，这样他才能理解，然后你们才有机会共同去解决问题啊。”

这个世界上无论哪种爱，最终想要长久地维持只能依靠坦白和对等的爱。你能伤害的，往往都是最爱你的人。因为只有爱你的人才会给你伤害他的权利。

所以啊，尝试着去跟爱的人说说心里话吧，既然还爱，那就学会坦白，我衷心祝愿你们都能给对方想要的未来。

分享欲的丧失，是散场的开始

有多少人的爱情，欢喜始于热恋时的无话不说，失落始于散场时的无话可说？

·看到街边的一朵花，首先想的是拍照发给他·

爱一个人的方式有很多种，但长久地保持旺盛的分享欲的爱一定是最普通而又动人的一种。它不是说你每天向我报备自己的生活，而是一种你看到所有喜欢的东西时都能第一时间想到我的条件反射。这是一种自发且主动的行为，是我们在平淡的生活中把珍贵爱意表达出来的有效方式。

真正喜欢一个人，就会想和他分享自己生活中的点点滴滴。你会发现自己对他有说不完的话，身边发生的所有事、遇到的所有人、看到的所有有趣的东西都会忍不住分享给他。即使分享的是街边的一棵草、一朵花，因为有了可以分享的人，一切都变得有意思、有意义起来。你可以观察一下，身边即使性格再内向、感情再慢热的人，在喜欢的人面前也会不自觉地开始活跃起来。

爱意不会随着时间和新鲜感而流失，分享欲也是。爱你的人，哪怕你说的都是废话，他也会听得一字不落；不爱你的人，听到你的声音都会感觉深受荼毒。

相爱的人之间不可能永远都有新的话题，但可以永远都有话题，比如遇到的人、吃到的美食、看到的风景、听到的音乐、对生活的不满、对工作的吐槽、对未来的畅想、对以前的回忆……正是这些琐碎的日常才能呈现出我们真诚的爱。

其实我知道，这些日常琐碎不美好、不有趣也不让人心动，但就是因为是与你分享，它们才充满生命力。即使你没有及时回复也没关系，因为在分享给你的那一刻，我已经感受到了世界的有趣和我爱你的意义。

·爱意的流失，都是从失去分享欲开始的·

如果两个人相爱，分享欲一定是不可或缺的存在。但是，分享欲是要靠回应来延续的，有时候让人开心的不是分享这件事，而是即使你讲了一堆废话但还会被认真倾听、回复的感觉。如果我一如从前兴致勃勃地和你分享一个新奇的事物、一次有趣的经历，你却已经无法耐心倾听、认真回应时，那我也会慢慢收起当时的心情，你慢慢无法理解我的喜怒哀乐，我渐渐无法触摸你的悲欢离合，失望攒够了，总有一方会选择离开。所以，爱意的流失在一定程度上就是从分享欲的减少开始的。

曾有一个朋友凌晨找我哭诉，她和恋爱三年的男朋友分手了。下面是她的讲述：

“刚在一起时，我们每天都有说不完的话，能从早聊到晚。他虽然工作很忙，但还是每天给我发很多消息，比如每天必有的‘早安’‘晚安’、今天点的外卖、同事吐槽的趣事、刷到的有意思的视频、下班路上遇到的小动物……我以前从没发现世界如此有趣，收到消息后，都会傻笑着一一回复。

“我也经常给他分享我看到的有趣的东西，比如一朵没见过的野花，或者吐槽一下午餐太咸、工作太累……其实饭咸了有什么好说的呢，可那时的我们总觉得这就是值得一说的事。

“但不知道从什么时候开始，他慢慢减少了和我分享日常的次数，甚至不再给我发消息，有时候我们的聊天更像是一种不得不进行的任务，从原来的事无巨细简化成‘吃了’‘在忙’‘太累了，以后再说’这些再敷衍不过的回复。

“直到我无意间看到他和另外一个女生的聊天记录，半年的时间中，两人的聊天让我想起了我们认识的最初。原来在那些我收不到消息的日子里，他那些对我闭口不言的情绪，早已换了一个人倾诉，也把对我的爱转给了别人。那一刻我突然明白，现在让我们继续在一起的理由，已经不再是爱和期待，而是不得已和无奈。所以，我们平静地分手了。”

原来一段感情，我们可以设想无数个开始，却只能接受一种结局；我们可以粉饰开始，却无法改变结局。

在恋爱中，分享欲包含了太多的热情和爱意，见证了相爱的最好模样，也见证了不爱的敷衍狼狈。所以如果有幸遇到一个肯和你分享点滴琐事的人，请尽量珍惜吧，那是他正在爱你的证据。

爱情有断才有续，有舍才有得，有离才有合

在人生的路上，有一条路每个人非走不可，那就是年轻时候的弯路。不摔跟头、不碰壁、不碰个头破血流，怎能炼出钢筋铁骨，怎能长大呢？

·舍得舍得，有舍才有得·

以前听长辈说得最多的就是“不听老人言，吃亏在眼前”“我吃过的盐比你吃过的米都多”等良言警句，可是我们长大后慢慢发现，虽然长辈讲的人生经验和道理非常正确，但只有我们亲身经历一番，把该吃的苦吃了，把该踩的坑踩了，才会感同身受地承认那些道理确实有用，再怀着当时长辈的心情去告诫后辈或下一代。就像虽然每个香烟盒上都写着“吸烟

有害健康”，但吸烟的人依然会选择性忽视，直到因为吸烟发生一些不可逆转的结果，才会后悔不迭地正视这个问题。

我一直很向往那些生活平安顺遂、性格简单快乐的人。大学时我曾经遇到过一个女孩儿，从平时的言行举止就能看出她从小是在家人的细心呵护中长大的，因此即使成年了，依旧有些不谙世事，很少看到她为什么事情发愁。面对一些难以抉择的事情，她也会习惯性地去询问父母的意见。

她听从父母的安排，留在了本省读大学，毕业后也很顺利地留在了当地工作，是一个工资不高但很稳定的岗位。后来她恋爱、结婚、生子，一切都按部就班、平稳顺遂。她的人生真的平稳又妥当，不用被迫淋雨，不用负重成长，只有简单的幸福快乐。

我和她则是完全不同的两种人，用朋友的话来说，我是一个很矛盾的人，虽然向往简单，但又不想被束缚。我从小性格倔强、自尊心强，习惯任何事自己做决定，不会过分依赖父母，他们的意见我会参考，但最终决定权还是在我手里。

后来上大学，我执意要去离家远的地方看一看，独自过自己想象中的生活，以后在哪个城市工作，我也有自己的打算和安排。当然，我的“一意孤行”有时候让自己吃尽了苦头，只因我犯了一个人类的通病：道理我都懂，可选择总是失控，所以依然过不好这一生。

不可否认，我很羡慕那个被上天眷顾的女孩儿，她拥有看似普通却许多人都无法企及的幸福，活得平淡快乐。但又很庆幸我没有被上天眷顾，没有变得如女孩儿那般“安分”，因而造就了我坚毅果敢、干脆利落的行事作风，让我见识了更多彩的世界和更广阔的天地。

我很清楚并且一直相信，想要开辟并仰望属于自己的一片天空，就只能舍弃舒适区的自在。鱼与熊掌从来不可兼得，有舍才有得。

·学会情感断舍离，愿你过好这一生·

之前网上有段时间很流行“断舍离”这种说法，网友们也从各方面开始晒自己理解的“断舍离”。但它到底是什么意思，见仁见智。

我理解得比较通俗浅薄："断"是清除不需要的事物；"舍"是舍弃多余的事物；"离"是脱离对事物的执念。我觉得这个词最好的地方就是它可以应用在人生的各方面、各阶段。

幸福有时候并不是累积而成的，而是通过割舍来获得的。人的一生太长，要经历太多事情，也会留下许多痕迹，所以需要定期进行"断舍离"。只有清理掉不必要的东西，才能腾出位置迎进更多美好的东西。

同样，情感也需要断舍离。有时候只有真正放下过去，舍弃不必要的情感，我们才能活出新的精彩人生，活出真正的自己。人生在世，总有一些事情我们"只可远观而不可亵玩"。

一份真挚的感情尚且不敢保证能始于一瞬心动，止于白头偕老，更何况那些未能坚持的感情？放弃曾经拥有的感情确实不易，但如果你总是执着过去，怎么有机会迎接下一次的美好相遇？所以你要学会放弃，也许只有舍弃那些本不属于你的，才有机会遇到那些本该属于你的。

电视剧《知否知否应是绿肥红瘦》中，女主明兰开始时倾心小公爷齐衡，即使遭到齐衡母亲明里暗里多次反对，即使自己的祖母也不看好这段感情，即使遭到了外边多人的指指点点，她依旧默默地坚持选择相信齐衡，尽力争取自己的幸福。只是最后终究有缘无分，齐衡另娶他人。

明兰的果断在此时展现得淋漓尽致，虽有不舍，但她还是选择断得干干净净，不留一丝可能。所以哪怕后来齐衡再找来时，她也坚决没有回头。因为她明白，人可以往回看，但绝对不能往回走，她在放弃的那一刻，就已经选择了前路与新生。

所以我始终相信，情感断舍离并不是一场悲伤的告别，而是一次与自己以及未来要留在你的世界里的人的欢喜相遇。

我祝愿所有在感情中困惑的人，都能透过断舍离的智慧，活出自己的节奏，看清自己的需求，学会爱自己的方式。

遇见喜欢的人
就像浩劫余生、漂洋过海
终见陆地

CHAPTER 02

我永远有病，你永远有药

当你遇到那个人的时候，你之前所有的不相信都会灰飞烟灭。总有一个人的出现，会打破你以往的种种原则，就那么势不可当地走进你的心里。

我永远有病，你永远有药

爱情可能就是，我懂你的奇奇怪怪，愿意陪你可可爱爱。

·不相信爱情，又一直在等待爱情·

当代社会中，原生家庭的问题越来越不可忽视，情感缺失首当其冲。从小缺爱的人一般都有个后遗症：高度敏感，缺乏安全感。也因此，很难有人能够真正走进这类人的心里。更要命的是，他们很善于伪装自己，接受一个人的爱意的时候，表现出的开心或者抗拒，可能都不是真心实意的。

奇怪吗？其实不奇怪，因为他们从一开始接受的时候，就已经做好了对方可能会随时转身离开的准备。

朋友莉莉可以说是在爸爸妈妈的吵架声中长大的，感情需求从小被忽略，用她自己的话说，习惯了。十几岁的时候爸爸妈妈终于分开，互相解脱，她谁也没跟着，自己单独生活。也许是因为从小缺爱，导致她成年后特别渴望能从周围人身上得到弥补，于是她换男朋友的速度简直是光速。她不会对交往的对象进行深入地了解，感觉合拍就交往看看，不合拍就好聚好散。她对每一任男朋友都表现得不甚在意，和对方在一起时干什么都是满不在乎的样子，所以即使分手，也不会有大起大落的悲喜。

只是每次分手后，她坐在我身边的样子都莫名令人心疼。明明周围有那么多人，环境也称得上喧嚣，你还是能从她身上感觉到深深的孤寂。我知道，其实她心上一直裹着厚厚的壳，她曾说过："我和他们在一起也会像爸爸妈妈那样争吵，然后最终分开，所以我为什么要拿真心对待？"

也不是没碰到过特别喜欢或者特别有耐心的对象，可是每当她鼓起勇气前行时，总会在某一刻突然又变得畏畏缩缩，次数多了、时间长了总会让对方深感无奈，继而开始动摇，或者离开。这正好证实她的笃定："看吧，我就知道是这样的结果，幸好一开始没有泥足深陷，现在才能全身而退，果然不能相信自己会被上天眷顾。”

幸运的人用童年治愈一生，不幸的人用一生治愈童年。原生家庭确实会对一个人的情感观产生很深的影响。不幸的人会非常渴望有一个完全懂自己、包容自己、爱自己的人全心全意守在自己身边，可以让他或她忘掉从前的种种不安、种种辛苦。可是他们更相信这样的馅儿饼永远不会掉在自己头上，于是竖起全身的刺来保护自己，用漫不经心掩饰对于对方随时会离开自己的恐惧。可是，你不敞开怀抱，别人又怎么拥抱？

·希望你是我的良药，能治愈我的伤痕·

其实比起那些缺爱敏感的人，我更心疼他们的伴侣。和这些人在一起，需要异于常人的勇气和耐心，需要付出比别人多好几倍甚至更多的时间、精力。不说天长地久，你能坚持相对长的时间，我都敬你是条汉子。

不得不说，好的爱情确实可以治愈一个人，只不过需要细水长流，直到他懂你的口是心非，理解你的言外之意，笑着包容你的别扭和傲娇，柔情抚平你的不安和疑虑，然后坚定地告诉你：“别怕，从此以后，我保护你。”

我曾经遇到过一个男生，原生家庭有些不幸，单亲，且妈妈为了维持生计，对他的关心相对较少，慢慢地他变成了一个性格偏执又有些自闭的人。他在工作时偏执的一面尽显，但是回归生活时，又会变成一个特别幼稚沉默的人。我当时觉得，他以后找的女朋友肯定是一个表面沉静内敛，但内里童心未泯的人。

后来的发展果然证实了我的想法，他的女朋友符合我对他的另一半的所有想象。无论是鼓励他接触新的东西，还是安慰他低落的情绪，或者陪他做一些看上去很幼稚的游戏，那个女孩儿都乐在其中，丝毫没有勉强或者表演的成分。

我曾经问过女孩儿，和男孩儿交往是否会疲惫？女孩儿当时思考了一下说：“我不能给出绝对的结论，但是起码现在我心疼他，陪着他就是想让他开心，想让他走出迷障，看到希望。而且，我现在也很开心，喜欢他很开心，陪着他很开心，即使最终治愈他的那个人不是我，但我肯定他一生都忘不了我。”

女孩儿的话让我有一瞬震惊，这个男孩儿居然如此幸运！

看到他们，我才确信原来这世上所有的等待和阴差阳错，真的都是为了让你在未来的某一刻能遇到那个对的人，遇到那个愿意陪你“奇奇怪怪、可可爱爱”的人。

希望有这样一个人的出现，从他来到你生命中的那一刻，你的世界凛冬散尽，星河长明。

哪怕输，也比不做要强

顾城在《避免》里写道：“你不愿意种花，你说，我不愿看见它一点点凋落。是的，为了避免结束，你避免了一切开始。”

·谁说站在光里的才算英雄·

不知道学生时代你有没有遇到过这样的学霸：平日里学习吊儿郎当，上课睡觉，下课玩闹，但学习成绩一直很好，是许多人嫉妒的“天才”。但是后来从某个途径偶然知道，他放学回家天天补课，夜夜刷题，早上到了学校却说自己昨晚打了一夜游戏。

我知道他们想营造一种自己很聪明的人设，但不理解他们把努力做成鬼鬼祟祟的心理。当然，他们给自己留了一条后路：考得好是聪明，考不好也不让人意外，毕竟平时也“不学无术”。

在我看来，这不是低调的努力，也不是高调的“凡尔赛”，是因为他们输不起。他们不是不努力，只是比别人更加害怕失败，才提前准备一块遮羞布。

我为什么会在这里说这个呢，因为这种情况在感情中常常出现，很多人对感情望而却步，就是因为害怕被拒绝、被伤害，所以索性选择不告白、不开始。

不要老说酸掉牙的“从他的全世界路过”，也少用所谓的“默默陪伴”来掩盖自己的不自信。网络上有一句话叫“宁可去碰壁，也不要在家里面壁”，我觉得十分有道理。现在的年轻人谁愿意被人说成感情 loser（失败者），又有谁会揪着天长地久不放？

爱得高调能让一段感情轰轰烈烈，爱得低调也能感受荡气回肠，但是“暗恋”，怎么说呢，只能用独自盛大来形容了。因为除了你，谁都不知道这段感情也曾深刻地存在过。

没有付出过，谈什么勇敢；没有争取过，说什么遗憾。你还没有拼尽全力，又怎么知道自己会一败涂地?

·拼尽全力才不愧对自己·

面对一段感情，面对喜欢的人，有人不进反退。有人害怕被拒，于是反向骚操作，不仅不主动争取，还会暗戳戳嘲讽主动的人，然后在心仪的姑娘真的远离自己和别人在一起后又咬牙切齿，搬出自己心里那点儿不甘和脆弱，自我安慰道：“如果我表白，还有他什么事啊？”

对啊，那你当时为什么不表白呢？同样是“土”字辈的，有人是土包子，有人就是土豪。就为了维护自己那点儿摇摇欲坠的自尊？在我看来，这种想法和操作实在愚蠢至极。

在感情中，主动出击远比待在原地更接近幸福。

我身边有这样一个男性朋友——石头，性格内向，做事优柔寡断。后来他喜欢上一个女孩儿，两人是在工作中认识的。女孩儿性格慢热，那时候又一心扑在工作上，在感情方面难免心思少一些。而石头在动心后也没有采取明显的主动措施，只是在一些社交场合不留痕迹地关心、照顾她，比如偷偷经别人的手递个纸巾、倒杯热茶，却不敢在活动结束后对她说一句“我送你回家”。

就这样，在他的犹豫不决和徘徊不前中，女孩儿最终成了别人的女朋友。最主要的是，在旁人看来，她的男朋友从各方面都比不上石头，只是因为他对女孩儿进行了坦荡、直白的追求。

后来，从别人口中得知，女孩儿开始的时候也属意石头，她知道石头一直在私下照顾她，而她也不会随便接受别人的关心照顾，之所以石头可以，都是女孩儿在给他坦白的机会啊。

你看，你不敢做的事，总有别人愿意做；你不敢说出口的话，也有别人愿意对她说。那么你爱的人，最后也只会成为别人的爱人了。

后来我问石头：“你后悔吗？后悔当初没有表白吗？”那时已时过境迁，人事也早已不同，石头沉默，最后回道：“我曾经后悔过，但现在不后悔，她幸福就好。但是如果能回到当初，我一定会毫不犹豫地表白、追求，哪怕最后不能在一起。”

在任何一段关系中、人生的任何一个阶段中，无论生活、工作或是感情中，我们都应该有拼尽全力的觉悟和勇气。很多时候面对一个未知的结果，我们会本能地恐惧，会试探，但很少会真的拼尽全力。但是仔细想想，拼尽全力以后的顺其自然和两手一摊的毫无作为，哪一个会让以后的你更加悔恨和遗憾呢？

人生短暂，每一次的保留和不作为都是日后回忆中的遗憾和不甘，《大鱼海棠》里有这样一段话，我很喜欢，分享给大家共勉：

这短短的一生，我们最终都会失去。你不妨大胆一些，爱一个人，攀一座山，追一个梦。

纯粹的爱情是明知不可为而为之的笃定

他可能不是和我最相配的人，但他是我最爱的人。

· 成年人的世界，不能仅谈感情 ·

三十岁左右的年纪，有几个人心里没有装载过别人？每个嘴里说着不想恋爱的人，很可能心里都装着一个无法拥有的人。那些过往让我们面对感情时更谨慎，也更敷衍，谨慎是对自己，敷衍是对别人。

这个年纪的我们开始一段感情，会考虑很多外在因素和现实原因，有时候真的觉得，人的年龄越大，能奋不顾身爱上一个人的概率就越小。随着年龄增长，经历的事情越多，心里的顾虑越多，我们再没有办法完全摒弃外界的一切声音全心全意地做一件事，谈一段情。

在三十多岁时对一个人动心，第一个想到的不是对方喜不喜欢自己，而是我和他是否相配，我们的家世、事业、社会地位、“三观”都对等吗？我和他在一起别人会怎么评价？看看，可能你还没有和对方表明心意，这段感情就已经被这些问题扼杀在摇篮里。

我曾经遇见过这样一个女孩儿，性格活泼又主动，自信又热情。初入职场，她遇到了他，一眼万年，迅速坠入爱河。他大她五六岁，事业有成，地位稳固，也是一念心动。

对于女孩儿来说，现在实在不是她最适合谈恋爱的时候，而且有许多声音在说着他们不合适、不相配。可她初生牛犊不怕虎，觉得只要相爱，就未来可期。再说了，爱情哪有那么多般不般配，重要的是两情相悦，他说在她的身上看到了感情最美好的样子，这给了她无与伦比的勇气与信心。所以无论外界风雨几何，她还是选择与他在一起了。

一段时间后，我再次看到女孩儿的时候，她已经恢复单身，一身憔悴疲惫。她说，当初凭借一腔热情，觉得两情相悦的喜欢即使磕磕绊绊，也总能开花结果。她承认自己被冲昏了头脑，忘记成年人的世界里存在利弊得失。

开始的汹涌爱意在渐渐平淡后，两人的经历、经验、地位的不对等开始凸显，她终于意识到现在的自己，根本追不上男人前进的速度。于是开始衡量利弊、计较得失，于是矛盾开始产生、冲突开始累积。爱意在还没化成厚度的时候就开始消磨，怎么还敢期待未来？他们说得对，爱情终究败给了世俗。

我有些唏嘘，当时也曾送上祝福，希望女孩儿这段感情能开花结果，现在看来还是有些奢望了。但是我还是佩服女孩儿勇敢追爱的行为，赞叹她敢爱敢当的勇气。

因为纯粹的爱情，绝对不是权衡利弊后的决定，而是不计后果的笃定。

·多一点真诚和爱意，少一点顾虑和怀疑·

现在的我们有时候还是很喜欢看一些校园青春影视剧，因为喜欢少年时那种青涩懵懂的感情啊！在青葱的年纪心动，只是单纯地喜欢一个人，只有喜欢，和他的家世无关，和他的财富无关，那样纯粹干净的爱情想想都美好。所以我们期盼，我们怀念，我们歌颂，因为路过这一程，终此一生我们再难遇见这样不用权衡利弊、没有利益掺杂的感情了。

之前看到过一个话题："为什么大学时的晚霞总是特别好看？"有人回答："大概是因为那个时候所有人都在窗边看着绚烂美丽的霞光，而只有那个人在看着你吧。"那时候的爱情就像那时的霞光一样，缤纷耀眼、抛洒万丈。

我还是希望作茧自缚的人最终也能破茧成蝶。谁说过了三十岁就不能拥有难忘的爱情？谁说我们只能选一个所谓的"适合"自己的人？我一直不太喜欢相亲的原因之一，就是相亲时双方会把各自的条件明码标价后，再一一去匹配，这中间多是利弊的权衡，是"合不合适"而非"喜不喜欢"。

但是感情的可贵之处不就在于它能够纯粹又妩媚吗？如果开始就建立在物质基础的对不对等上，那些爱情本该拥有的欣喜和爱意，又要寄托在哪里？

所以我觉得你尽可以大胆一次。你要明白，最后和你过日子的只是你爱的这个人，不是他的家庭、亲人，不是他的工作、地位，仅仅是他而已。

人总是容易爱上那些不愿意认真爱自己的人

他说钟爱白开水，奈何你偏偏是雪碧，为此你拼命地晃走身体里的二氧化碳，变成一瓶没有气的甜水，比白开水多了几分甜腻，所以你依然没能成为他的钟爱。

· 我就喜欢你不喜欢我的样子 ·

我曾经遇见过一个姑娘，她喜欢的人是有些玩世不恭的“纨绔子弟”，那种对待爱情满不在乎的人。她说一开始对他也没什么感觉，但就是在对方一次次半开玩笑半认真的告白中，自己就真的动心了，即使对方好像从来没有正经、认真地说过喜欢。她也知道对方没有几分真心，但自己就是情不知所起，一往而深。

我听了不免一阵心酸，陷入这种感情里的，从来不只她一个人。

你清楚地知道对方的喜欢很可能只是一句轻飘飘的、似是而非的玩笑话，他没有任何想花时间去了解你的意愿，也没有想花心思去迁就你的意思，更没有打算深入你的生活。在他们的世界里，你可能只是调味剂，即使这些你都知道，但是没有办法，在他张口就来的甜言蜜语中，在他若有若无的暧昧中，你还是情不自禁地动心了。更悲哀的是，你一直都知道，他对你说过的那些话也会对另一个人说，他对你做过的那些事也会对其他人做，那点儿所谓的“喜欢”更是可以随手送给别人，你——从来不是他的偏爱和例外。

但是爱上一个人，很多时候都没什么道理，就是没办法坦然放手。也许多年后回想这时的自己，你可能会感到无奈与可惜，无奈自己怎么会对这样一个人死心塌地，可惜自己当时为什么会对这样的感情情不自禁、身不由己！

人很奇怪，对于主动追求自己的人总是爱搭不理，反而容易爱上那些对自己爱搭不理的人。也许是人性本贱，得不到的永远是最好的；也许是人类都存在不服输的基因，你越是对我爱搭不理，我越是想要挑战自己。

所以说，爱情是种玄学，也是一种执念。

· 我更喜欢看得见的在乎和明确的爱意 ·

有些人喜欢和异性保持习惯性暧昧，比如他会定期联系你，间或在你的朋友圈下留言，偶尔会注意你的动向、留意某些细节，让你生出一种他时刻在意你的错觉。

但你要知道，一个人要做到这些并不难，他可能同时对很多人都有同样的行为。朋友醒醒吧，这样“平均分”的感情，不跑还留着过年吗？

不冷不热的温度是让世界最舒服的温度，可是在感情里，这是最让人厌恶的温度。

有人说：“喜欢是放肆，而爱是克制。”我是相信这句话的。“喜欢”很容易说出口，没那么重的责任感，不会让人产生太多负担。但“爱”不是，“爱”这个字比“喜欢”要严肃很多，它是在了解了你的一切过往，知道了你的一切喜好，花费了很多心思，倾注了很多心血，愿意包容你，愿意走进你的生活以后，才敢说出口的承诺。这份感情，重逾千斤。

你说你喜欢我，可能连我喜欢吃什么、喜欢做什么、喜欢玩什么，今天晚上为什么这么晚回家，突然不回信息了是不是生气了……你都不了解。所以你说你喜欢我，可能吧，但是很抱歉，我更喜欢看得见的在乎和明确的爱意。

认真对待感情的人想要的，都是明晃晃的偏爱。想让你在工作结束后，第一时间联系我；在不能秒回我消息的时候，提前告诉我为什么；在突发事件中，首先想到我……不要认为这是束缚，是枷锁，在这种点点滴滴的细节中，最能让我感受到我确实是被爱着的。

所以，不要再对那些不太愿意认真爱你的人抱有期待，爱情的双向奔赴一定是建立在双方用心、认真的基础上，在一段爱情里，一旦有一个人心不在焉，那这段感情就不值得留恋。

我不想要客观的爱，就想能够大大方方站在你的世界里，和你牵着手一起走在阳光下。希望在你这里，我永远都是优先与例外。

在爱里拼尽全力，可比踌躇观望的人更有种

爱是一生的磨难，不爱是一生的遗憾。

·从未在一起比最终没有在一起更遗憾·

维纳斯的断臂、《红楼梦》底稿散失、《二泉映月》的悲音创作，都是缺憾。世间的花开花落、月亮的阴晴圆缺、人生的悲欢离合，都有缺憾。一段感情，不管结局是否圆满，也一定会有遗憾。两个人能够相识已是不易，走过相知、相恋、相守更是艰难。

所以就算我们最后走散了，也不用责怪任何人，不是我们不够努力，而是有时候缺憾早已注定。

我之前看过一个故事，讲男孩儿和女孩儿曾经是一对很般配的恋人，周围人都以为他们会结婚生子，美满一生。结果女孩儿却嫁给了另一个男人，而且过得并不幸福，不久后便以离婚收场。

后来男孩儿和女孩儿在一次朋友聚会上重逢，男孩儿突然问女孩儿："我们当时到底是为什么分开了呢？"女孩儿已是微醺，思考了一会儿后摇了摇头。仔细想来，两人之间也没有什么惊天动地的矛盾，更没有声嘶力竭的争吵，只是开始出现分歧，只是失望日日累积，最终两个人不约而同地选择了分开。

最后女孩儿说："我不遗憾两人之间没有结果，因为我们至少认真地相爱过，彼此拥有过，哪怕结局不够完美，总比从未开始过要好。他教会了我什么是爱，也让我体会了分开，所以后来的我，再不愿意将就。我之所以那么决绝地离婚，也是因为我曾经遇到过那个满心满眼都是我的人，所以才清楚后一段感情有多敷衍。"

比起没有长久的遗憾，我觉得开始过、相爱过、拥有过更值得庆幸。所以不要再埋怨那个中途下车的人，毕竟他曾陪你一段风雨兼程。

·你走时我不去送，但你来我会跑着去迎接·

张爱玲说过："不爱是一生的遗憾，爱是一生的磨难。"我反而习惯反着看这句话："爱是一生的磨难，但不爱是一生的遗憾。"

现在越来越觉得，比起故事没有开端，我宁愿结局不太完美。我更愿意我们相遇过、相爱过，为了彼此奋不顾身过，哪怕最后分得彻彻底底。起码，后来如果能再重逢，一起把酒言欢、回忆往事时，我们还可以笑着谈论彼此与过往，怀念那段感情与自己。

我身边一个爱了暗恋对象五年的姑娘，从来只敢在没有人的时候点进对方的朋友圈偷偷观望，在共同好友的朋友圈底下共同评论，期望对方有一天能注意到自己。但是每次在评论完后，她都会忐忑不安很久，在脑子里一遍遍闪回两人的交集，居然就这样持续了五年。

直到有一天看到男生在朋友圈发了女朋友的照片，她终于死心，这么多年的徘徊不前终究让他们的关系止步于朋友圈的点赞之交，那些想说又不敢说的话再没机会说出口。

后来她和我提起这段感情时，还是红了眼眶："为什么当时我没有再勇敢一点儿呢？哪怕表白被拒，也好过现在天天遗憾啊。直到现在，我还是会怪当初胆怯的自己，可惜再没有机会说出这场暗恋了。"

都说双向奔赴的爱才有意义，但是哪有那么多双向奔赴？爱情不像商场打折，你一直等就会等来想要的结果。前几年有个很火的词叫"直球少女"，说的就是在爱情里勇敢出击的姑娘们，这里也要为她们点个赞，遇到喜欢的人就勇一下，管他三七二十一，不比把这份感情藏在心里沤烂来得痛快吗？

很多人只能在我们的人生中陪伴一程，谁知道这一程是不是比漫长的一生更有意义呢？在对方离开的时候，我们不必大张旗鼓去相送，也不必痛哭流涕地纠缠，就当送别自己的一段人生，只说珍重。

但是，只要你来，无论风霜雨雪，我都会跑着去迎接，这大概就是我对你最热烈而盛大的爱。

我不想成为你青春里的那个人，只想做和你白头到老的人

“你青春里曾经喜欢过的那个人现在怎么样了？”

“已经成了我老婆，正睡在我身边呢。”

·那些年我们一起追过的女孩·

在偶像剧风靡的时代，我觉得爱情特别伟大。因为不管两人之间差距有多大，遇到了怎样的磨难，男女主角最后一定会有一个完美的结局。但是长大以后发现，生活远比电影更加戏剧化。

爱情在现实面前，就像一只蚂蚁要绊倒一头大象般幼稚，

是幼稚，不是可爱。

我在前文说过，可能每个人心里都会有一个特别喜欢但是没有办法在一起的人，就像每个嘴里说着不想恋爱的人，很可能心里都装着一个无法拥有的人，最终只留下记忆里的身影。仔细想想，你们之间似乎也并没有发生什么惊天动地的事，更没有什么后来，可就是那时的一幕幕场景，惊艳了你的往后余生。

《那些年我们一起追过的女孩》这部电影曾风靡一时，其实不过就是讲述了一个相爱错过徒留青春遗憾的故事，为什么会受到大家的追捧呢？是因为它戳中了许多人的痛点，无论年纪大小，每个人的青春中多多少少都有过这样的遗憾，事后都曾想过，如果当初自己再勇敢一点儿，是不是现在就会拥有不同的人生、不同的结局？可是错过了就是错过了，不会再有重来的机会了。

年少时喜欢的人，大概真的可以被记很多年。可能某一天听到一首熟悉的歌，或者看到一幕似曾相识的场景，那些美好又有些模糊的记忆便如潮水般涌来了，那些被岁月的风沙掩埋的记忆，原来只是隐没在了名叫青春的洪流中，但并没有消失。

多年以后，大家再坐在一起的时候，回想那段时光，似乎也说着同样的话："谢谢你那么多年以来那么喜欢我""我也谢谢你这么多年一直没有拒绝我喜欢你""你见证了我的青春""荣幸之至"……

爱情里，带给我们最初也是最深悸动的人，往往并不是和我们携手漫漫人生路的人，而是给我们留足遗憾的人。

纵使岁月荏苒，纵使物是人非，但在那些特定的年华，对方带给我们的感动与留恋却不会消逝，因为那样的悸动，是我们在羞涩与肆意的青春里轰轰烈烈活过的最好证明。

·如果再来一次，我们一定要相扶到老·

看过一句很扎心的话："最后和你相伴一生的那个人一般都不是你最爱的人。"虽然我对这句话并不完全赞同，但是我想，这样的结局应该确实存在吧。

我曾经遇见过一对从“荒芜”相守走到“繁华”分开的情侣，他们曾是彼此的“先生”和“小姐”，却没有缘分成为“老公”和“夫人”。

他们识于微时，但是相爱，会在对方委屈、遭遇不公的时候站出来互相安慰、互相维护，会在每个特殊的日子里向对方表达热烈的爱意，那些只有他们知道的暗号和小故事，成了人生这个阶段中抹不掉的幸福印记。

后来他们都事业有成，却也各自有了新的生活，他们陪伴彼此走过籍籍无名，却终究没有相扶着走过繁花盛开。

我后来去问过那个姑娘：“后悔和他相识吗？”

她毫不犹豫地回答“不后悔”。她说：“我从来都没有后悔遇见他，如果还有下辈子，我还是想要遇见他。但是这一次我想换一个时间，我不想这么早遇见他了。我不想成为他青春里的那个人，我想要做那个和他白头到老的人，我想和他一起从籍籍无名走到巅峰相见，然后一起走过往后余生，一起拥有我们曾经构想过无数次的家庭和未来，我们要换个时间再爱一场。也许这一次，我们能赢。”

她说的话让我突然想起《杀死一只知更鸟》里的一段话：

“勇敢，是当你还未开始就已知道自己会输，可你仍然要去做，而且无论如何都要把它坚持到底。你很少能赢，但有时也会。”

我很佩服这个女孩儿的勇气，更希望她能在以后的人生中碰到能让她成为“夫人”的“先生”。

虽然看过很多段无疾而终的爱情，但是不可否认，每一段感情开始，原本都是想着完美落幕的。谁都不想成为青春记忆里被怀念的那个人，都想成为往后余生陪对方走过漫长岁月的人，想成为那个和对方一起并肩战斗、一起成长成熟、一起组建家庭的人，想和对方撑过柴米油盐，享受儿女绕膝的天伦之乐直到耄耋，这大概就是对这段感情最美好的期盼。

这也许不是我最好的选择，但这是我的选择

缺角的地方不去看它，整个杯子就是圆的。每个人都有缺点，人不去计较缺点，则每个人都是很好的人。

·一个人难，恋爱更难·

越来越多的人感慨：为什么谈恋爱越来越难了？我分析总结了一下，以下只代表个人观点。

当代年轻人大致可以分为两种：一种是活得太“自私”的，发现对方与自己有一点点不合拍马上就断定双方不合适，干脆利落地分道扬镳；另一种是活得太“明白”的，很清楚自己需要什么样的伴侣，不恋爱则已，一旦恋爱便奔着一辈子。前者做事一般快刀斩乱麻，后者大多世人皆醉我独醒，都是坚守宁

缺毋滥主义的人。当然，不是所有的人都这样，但不可否认，这两种情况是当代年轻人的恋爱主趋势。

现在的年轻人大都不喜欢回家过年，为什么呢？因为每逢佳节，总有一些“爹娘味”十足——不只有七大姑八大姨——的人跑出来给你传达他们那些“过来人”的经验，告诉你什么时候该谈恋爱，什么时候该结婚，结婚要找什么样的人，结了婚要怎么过日子，等等。更离谱的是，有些人翻旧账，把你以前遇人不淑或者不太理智的事情拿出来一遍遍叙说，边说边数落，以衬托他们的“教导”有多正确、人生有多成功，总之就是在觉得不如自己的人身上寻找存在感。

不知道你遇到这种情况是如何处理的，每次回家遇到这种人，我都很想冲他们大声吼：“我的人生怎么过是我自己的事情，我为我做过的一切决定负责，你教授的经验谁能负责？不能就闭嘴。”当然这些话只敢在心里演练。但话糙理不糙，人生该走的弯路、能踩的坑洼、会撞的南墙等，我们一个也避免不了，就像父母经常教授的‘捷径’，也是因为他们经历过才能记得如此清楚，但他们的父母又何尝没有教授过经验，最后不也没有避过吗？

人，多多少少都有些不撞南墙不回头的愚蠢，更有些撞了南墙也不回头的执念。

也许我们在当下做出的选择并不明智，但是如果避免不了，那只要我能对自己的选择负责，我自心安。

·毫不犹豫地开始，义无反顾地承担·

大家现在越来越接受的一种想法就是：如果两个人在一起并不比一个人生活更快乐，那又何必自讨苦吃？尤其在女性越来越独立的现在，似乎抛开经济依赖、生儿育女、家庭琐事，一个人的生活反而更轻松自在。成年人本就应该学会为自己的选择买单，我可以承受选择的后果，所以你们别来要求我。

朋友小莫有一段并不成功的婚姻，她和他在三十岁相识，很快就步入婚姻生活，之后迅速生子，也算半生圆满。我刚知道他们在一起的时候，其实是比较震惊的，因为觉得他们并不是特别般配。但是她义无反顾选择了他，作为朋友，我也只能祝福。

婚后一段时间，他对小莫还不错，知冷知热，包括在小莫生孩子、坐月子期间，男方也是事无巨细地把一切打点好，生活看上去幸福美满。但是在羡慕还没有平息的时候，小莫却突然告诉我，她离婚了。

朋友圈一时间哗然，有安慰的，有询问的，有马后炮的，总之乌泱泱一片。可能那一刻不少人都感觉自己是个智者，尤其是曾经劝说过两人不要在一起的人。

而这个消息在我看来，意料之外又情理之中。我什么都没说，因为觉得既然当初做出选择，那就应该想到过所有的结果。因此，我并不为她这段婚姻的结束而惋惜，大家都是成年人，可以也应该为自己的行为负责。我只是为小莫在这段感情中受到的伤害而难过。我很明显地感觉到，小莫离婚以后再也没有了婚前的天真和快乐，开始变得沉稳、静默，和朋友聚会时也更愿意默默地坐在角落里温柔地笑。

但是我又很庆幸，她没有受到那些所谓的“过来人”的影响，选择和他在一起没有顾虑退缩，选择分开也没有一蹶不振，只是默默承担了离婚带给她的所有结果。

既然当初毫不犹豫地做了选择，就不谈“后悔”二字，旁人又有什么资格指手画脚？

假如今天生活欺骗了你，不要悲伤，因为明天生活还会继续欺骗你。人生的美妙之处就在于未知，很多时候看似是你的决定带你去了某个地方，但是等到以后再回过头来看，才会发现冥冥之中自有天意。未来有无数个未知，比如即将体验的事情、即将认识的人，所以不妨大胆一点，反正这大好的年华无论怎么度过，都不会有重来的机会了。既然如此，又何必犹犹豫豫、畏首畏尾呢？

年轻就是试错最好的成本，我们可以有很多的时间去体验我们想要的感情，可以承担每次的选择带来的后果。

所以，不要害怕自己会做出错误的决定，每一段旅程都是人生不可复制的风景，尽情去体验、去感受就好，哪怕不是最好的选择，但这是我在那时那刻做出的最遂心的选择。

大方地表达爱意，没什么可丢人的

一个人最大的悲哀，不是没有正确认识自己，而是要他去认识自己等于要他的命。

·我喜欢你，就算是我主动也没关系·

如果你现在还相信“女生不能主动，主动就输了”“主动的女生男生不会珍惜”之类的话，那你真的是“过时”了，也难怪别人“不候”了。这都什么年代了，怎么还会有这么迂腐的价值观呢？

不可否认，直到现在或许还有人笃信这样的说法，但是姑娘，你要知道，这样的人恋爱，大多不会长久；和这样的人恋爱，更不能保证长久，因为他从一开始就把爱情分了三六九等，自觉高人一等。抛开物质现实，精神都不能平等的话，你觉得这段感情能坚持多久？在感情里主动并没有问题，价值观天平失衡才是关键问题。

我一直觉得，宁愿错过喜欢的人也要维持自己的面子的人，根本不懂什么是珍惜，遇到这种人，就麻溜转身离开吧。

我听朋友讲过一段故事，男生事业有成，女生初出茅庐，一次偶然的机会两人合作了同一个项目，由此相识。两人算是一见钟情，但是女生觉得两人之间差距太大，总有“君生我未生，我生君已老”的感慨，于是只敢把这份好感默默放在心里，没有向任何人表露过。

两人合作这个项目长达五个月的时间，在这五个月里，两人朝夕相处，女生虽然平时性格大大咧咧，但是工作中却沉稳安静。合作结束以后，除了偶尔的朋友圈点赞，两人就没有什么交集了。直到有一天，两人因为这个项目的后续工作重逢，在微信群里共同商讨工作时，看着对方再次出现在自己的生活中，双方的喜悦都难以言表。终于，男生主动向女生表白。

女生觉得不可思议，因为就算是喜欢也应该由自己来主动，毕竟对方和自己的差距摆在那里。但是男生却告诉她：“我很喜欢你，但是一来我的自尊心不允许我主动‘自降身份’；二来我怕遭到拒绝丢面子，毕竟你那么好，好到我想把全世界都捧到你的面前。所以之前一直犹豫，想等你主动靠近，我顺理成章接受。可分开后我才发现，没有告诉你我的喜欢才是最令我后悔的事，相比喜欢你，自尊心和面子不值一提。我已经失去过一次机会，幸好又有了一次机会，我必须抓住。”

你看，如果真的喜欢，你就站在那里，什么都不用做，我就会主动向你靠近。有些人总喜欢埋怨自己没有遇到那个对的人，念叨着那个人什么时候才能出现，但是你有没有想过，你在生活中曾经遇到了多少人，他们中有多少人与你“三观”一致、爱好相投，但是你一个都没抓住，为什么？等对方主动吗？那抱歉，活该你单身。

所以我一直不相信有等来的爱情，男生女生都一样。喜欢一个人，如果只是等着对方主动，那互相错过的概率远远大于在一起的概率。

·暗恋很美好，但主动出击真的超酷·

前不久，有一个朋友大晚上突然给我发消息，说她刚刚在路上看到了一个让自己非常心动的男生。我连忙回复：“那就去要联系方式啊！立刻就去！不要犹豫！”

都说“暗恋是一个人的长篇巨制，单方面的地老天荒”。在暗恋的世界里，很多人就是缺乏那么一点儿勇气，才更愿意用暗恋织成的壳来保护自己。刻意制造偶遇，是为了碰见他的时候和他说句“嘿”；他随口说的游戏，我通宵熬夜都要玩明白，就为了和他有共同话题；穿了件同色的衣服，会偷偷窃喜。

说实话，我不是很赞同这些在暗恋的时候脑补过多、患得患失的人，因为觉得费时费力费精神又毫无意义。

矜持这种事情可以是生活中的小情趣，但不该成为主动追求幸福的枷锁。看到了自己喜欢的人，那就勇敢一点儿，主动出击一次，明确地表达爱意和喜欢是一件非常酷的事情。

我曾经看过一句充满遗憾的话：“无论当初你们俩谁主动一点儿，结局都会不一样。”很多段本来可以有个开始的感情都因为怯懦而丧失了机会，于是不管将来如何，你永远不会知道这段感情是否可以成功，成功之后你的人生又是怎样的。哪怕经年之后再相遇，最多也只有一句不痛不痒的“好久不见”，你扪心自问，真的不后悔吗？

我们总是说这个年代追求男女平等，女生可以自由选择恋爱与生活，既然如此，又何必要给自己戴上“主动就输了”“女生不可以比男生更主动”这样的枷锁呢？如果真的喜欢，那就去勇敢追求、大胆表白，结果已经不重要，能在一起自然皆大欢喜，没有在一起也不需要再费心辗转，至少表白了就不会留有遗憾。这才是新时代独立女性该有的样子。

所以现在我不会让暗恋发生在自己身上了，如果遇到喜欢的人，我一定会主动出击。在我看来喜欢任何一个人都不是一件见不得人的事，比起表白被拒，我更怕失去开始的机会。

暗恋也许美好，但勇敢表白真的超酷。不要因为主动追求爱情就觉得“掉价”，也不要因为外界一些陈腐老旧的观念错过自己喜欢的人。适时而动，抓住每段来之不易的感情好好经营，是一件非常荣耀和美好的事情。

爱你这件事，我永远保有最大的热情和真诚

我不能保证自己每一段爱情的永恒，但最起码我能保证它绝对真诚。

·你来我往的感情才有继续的必要·

我是个经常请朋友吃饭的人，朋友回请也时有发生，不是那种刻板的你请我一顿我一定回请你一顿的模式，而是可能你请我三次 100 块的饭局，我回请一次 500 块的饭局，很稀松平常的形式。虽然多少也有价格差，但是都在可以接受的范围之内。

哪种情况最后一定会出现问题呢？就是我请你吃了 10 次 100 块，你却只会回请我吃一包辣条，甚至还想跟我 AA 制

的那种。这种事除非有特殊情况，不然我不会坦白说你小气，但我会在心里默默地为这段关系画一个句号。

平等的交往、对等的关系、你来我往的感情才有继续的必要。

曾经看过一个故事，故事里的女孩儿从小就喜欢和男孩儿在一起玩，小学、初中、高中、大学一路走来，默默地在男孩儿身边陪伴了十多年。

明眼人都知道女孩儿喜欢男孩儿，但是男孩儿对此没什么反应，没有提过，也不说破；对于女孩儿的暗示，既不接受，也不拒绝，就这样理所当然地享受着女孩儿对他的好，但是又什么明确的话都不肯说。女孩儿一直为男孩儿开脱，说他迟钝慢热，还没开窍。

直到有一天，女孩儿发现男孩儿对另一个女孩儿开始了无微不至的照顾。他们一起上课下课，男孩儿会给女孩儿背书包；他们一起吃饭，男孩儿主动排队打饭；他们一起走路回家，男孩儿永远走在路的外侧……

女孩儿那一刻终于明白，这十多年来都是自己一厢情愿，是自己一个人在维持着一段永远不会有结果的关系。在这段不平等的关系中，男孩儿从始至终都是漫不经心的状态，而自己却付出了全部的真诚和热情。

感情从来都是两个人的事，难免会有多付出一些和少收获一些的问题。我们可以不计较得失，但是不计较的前提是，亏损的成本在你计算好的那一部分成本范围内。不要轻易相信冲动的荷尔蒙，荷尔蒙只负责一见钟情，柏拉图才负责白头偕老。

就我来说，从不相信那种突如其来的疯狂喜欢，因为这种热烈的感情，只会给人一种被冲昏头脑的感觉。他会以八倍速靠近你，就会以八百倍速离开你。

陪伴是最长情的告白，时间是最好的考官。关于爱你这件事，我永远保留我最大的真诚和热情。有诚意的爱情才经得起时间风浪的冲刷，同样，如果是一段一开始就没有打算好好经营的感情，早点儿看清、早点儿结束也是对彼此的尊重。

·我执着的不是戒指，而是你的心意·

女孩子对戒指都有一份无法理解的执着，但是有些男孩儿会觉得，戒指只是一个装饰品，价值不大。有人说买戒指是女孩儿想要花对方钱的借口，这里要替女孩子说声“冤枉”。女孩子想要这个戒指，并不是看它价值几何，她想要看的是这个男孩儿的诚意和那种非你不可的笃定。

小时候玩过家家，总会有男孩儿和女孩儿扮作爸爸妈妈，用花草编成的戒指来举行结婚仪式。虽然那时候并不完全明白为什么结婚要互戴戒指，更不明白戒指的真正意义，但只有完成了这个环节，才能让人觉得仪式完美落幕。

长大后才明白，因为那枚小小的戒指代表的是真心实意，代表的是余生的承诺，代表着未来无论会经历怎样的风雨和考验，两人都会携手并肩迎接生活的种种挑战，这是多少钱都买不来的。

参加朋友的婚礼时，最让人感动的就是互换戒指的环节：执起对方的手，真挚地为对方戴上象征着一生的承诺的戒指，往后余生，两人携手前行。看到这一幕时，往往热泪盈眶。这也许就是许多人在时代发展如此迅速、网络功能如此发达的今天，还是会对一场传统的婚礼充满期待和憧憬的原因吧。爱不需要证明，但需要被看到、被感受到。

我觉得戒指是不能随便戴的，因为戒指真正贵重的不是它的价值，而是它的意义。戒指在我的情感观里，意味着承诺，意味着责任。爷爷奶奶那一辈的人，经济条件远没有现在好，婚戒当然也分三六九等，但即使是一枚银戒指，也必不可少，因为不论过去、现在、将来，婚戒的的意义都远超于它本身的价值。

所以我觉得男孩子为女孩子戴上只属于她一个人的戒指时，它就是一个成年人深思熟虑后给出的承诺。就像某个钻戒品牌标榜的那样，一位男士一生只能定制一枚，代表一心一意，我愿意和你一起将“Me”变成“We”，这是我对你的诺言，也是我对我们即将组建的家庭的承诺。

一辈子很长，但是在你为我戴戒的那一刻，无论未来人生几何，我愿与你风雨同舟。

正是到了难以心动的年纪，心动才显得尤为可贵

如果有一天，阳光正好，微风不燥，我历尽沧桑蹒跚在空旷无人的道路上，恰好遇见那个闯入我的世界的人，那我仍可以扬起嘴角，礼貌问好。

·为什么你越来越难以心动了·

之前在知乎上看见过一个问题：“为什么你很难再心动了？”其中有个高赞的回答：“大概就是觉得，心还是放在自己这里安全。”

在看过许多分分合合后，我发现现在的人之所以越来越提不起劲儿恋爱，可能就是因为都曾用尽全力爱过一个人，不论爱而不得还是错失挚爱，后来都再没有办法把那时候的热情付

给第二个人。

我前两天看到一条视频，视频里一个男孩子在寝室里面高兴得上蹿下跳，因为他喜欢的女孩儿答应了一起看电影。其实这是一件再普通不过的事情，但是我当时看着那个视频里的男孩儿开心的情绪都要从视频里满溢出来的样子，真的被那种欢喜感染、被那种纯粹感动了。简单的喜欢最是澄澈动人，这样澄澈动人的欢喜与开心，我已经很久没有看见过了。

年少时，我也曾为了浅浅的喜欢犯蠢，比如有一次把老家的床给跳“塌方”了，妈妈当时还问我：“哇，你怎么这么开心啊？”对，只是单纯的开心，因为那天我加到了喜欢的男孩子的 QQ 号码。就是这么小的一件事，它足足让我高兴了五天。在这五天里，我每天都笑脸迎人，感觉走路都是轻舞飞扬，大概就是因为当时的喜欢太简单，爱太纯粹。

你问我相信爱情吗，相信。以前相信，现在相信，将来也会一直相信。可是我再也没有那种全力以赴、倾我所有去爱人的勇气了。

人这一辈子，一定不会只爱一次，但未来的爱却一定不会如首次那般用力。

· 为什么年龄越大，越难以心动 ·

我个人觉得，年龄越大，越难心动。造成这种结果最重要的一个原因，不是我们不会爱了，而是时间越长，所剩的可以给予别人的爱意越少。岁月的棱角已经被打磨得圆滑，我们也慢慢长大了、成熟了，懂得做事留有余地了，于是生出厚厚的茧，包裹自己的心，也隔绝别人的心意。现在我们对感情的第一反应是害怕，害怕受到伤害，害怕付出得不到回报，害怕背叛也害怕自己深陷。

经历得越多，自我保护的意识越重。你不敢向前，我也不敢主动，哪来的后来呢？

人这一生的情感和爱意是有限的，前边用了太多，后面剩余的就相对少了。我们每日被各种各样的生活琐事牵绊，被错综复杂的社会关系禁锢，不得不把有限的感情分配给许多人。但是我希望，无论人生负重几何，我们都要保留一份爱人的勇气和能力，哪怕用到的机会寥寥，也不要彻底失去这份美好。

曾经有一句很火的话：“愿你历尽千帆，归来仍是少年。”我觉得这里的少年不是说你没有老去，而是说你在经历了人情世故以后，依旧保有爱人的能力和热情，依旧对爱情抱有希望和期待，在某一天遇到那个让你再次怦然心动的人时，仍然有去爱的勇气。

如果你在很多年以后，依旧可以遇到加了对方微信就开心好久，和他一起吃顿饭会喜不自胜的人，那么恭喜你，他一定是那个对的人。

所以，虽然很难再次为一个人怦然心动或痛彻心扉，但请相信，千帆过尽、细水长流的爱情同样动人。平静地过着，开心地笑着，适当地忙着，就很好。

我从未期待过婚姻，直到你来

我见到她之前，从未想到要结婚；我娶了她几十年，从未后悔娶她；也未想过要娶别的女人。

·结婚？不结？这是个问题·

现在社会中越来越多的女性选择不结婚、不生孩子，我不信奉不婚主义，但是完全理解女性的这种想法。确实，在这个“卷又卷不赢，躺又躺不平，摆又摆不烂”的“速食”社会，应付每天的工作和生活已经足够疲惫，人们哪还有过多的精力去深入一段感情、组建一个家庭、抚养一个孩子呢？

我也曾多次询问身边的朋友愿不愿意结婚，得到的回答90%都是：“结婚？不结！”

我不是不婚族，但我也想说，结婚不是人生的必选项，如果没有遇到对的那个人，就不要为了结婚而结婚！没有人可以决定你人生的模样，也没有人可以为你的余生负责，所以千万不要将就凑合。人生的太多选择都是囫囵吞枣，但是在爱情这件事上，一步都不能让！

不结婚是因为没有遇到想要携手一生的人，但是我还是想对很多姑娘说，可以选择不结婚，但是不要抗拒爱情的到来。有人可能会说那句至理名言："不以结婚为目的的谈恋爱都是耍流氓。"我不否认这句话有其合理性，但是并不完全赞同。

恋爱和结婚本就可以分开看待，不然哪里来的那句"最后陪在你身边的人一般都不是开始的人"呢？所以抛开那些假设，在能恋爱的时候就痛痛快快地恋爱，不要因为害怕结婚索性直接拒绝所有恋爱的机会。

朋友陶某是个非常有事业心的女孩儿。她从二十二岁大学毕业进入社会开始，默默耕耘了八九年才在职场里有了自己的一席之地，但是这八九年间，她一次恋爱都没谈过。问其原因，她说："男人哪有工作来得重要。"我以为她会一直这样单身拼下去，去创造自己的商业版图，但是后来有一天，她突然在朋友圈官宣结婚了，没有任何预兆，着实给了我们一个大大的惊喜。

我问：“怎么突然想要结婚了呢，你之前不是一个不婚主义者吗？”

她答：“也没有什么特殊的原因，就是遇到了那个人而已。我之前从未想过结婚，只是因为遇到的人都不足以让我动心，而且彼时年纪尚轻，脚跟未稳，应该以事业为重。但是在恰好的某一天，那个‘命中注定’突然就出现在了生活中，像是一缕温和又耀眼的光，让世界多了一抹不一样的色彩。那一刻怦然心动，于是决定就是他了，想要和他一起走下去，直到白头。”

你看，你可以不相信爱情，也可以不相信婚姻，但一定要有期待。你不用为了谈恋爱而去谈恋爱，有些事顺其自然最好，在真正遇到那个心动的人的时候，也算缘分使然。

当你遇到那个人的时候，你之前所有的不相信都会灰飞烟灭。总有一个人的出现，会打破你以往的种种原则，就那么势不可当地走进你的心里。

·结婚不是因为责任，而是因为那个人·

现在社会中出现了一种新型情感相处模式——拼婚，打出的口号就是“剩男剩女求不起爱情，只求老有所依”。通俗来讲，“拼婚”就是未婚男女在没有感情基础的情况下，一起搭伙过日子。两人甚至连情侣都算不上，都是在家庭、社会的双重压力下，为了节约生活成本或者其他一些原因才在一起。

我初次听说的时候也很震惊，因为在中国人的传统观念里，两个人的情感生活是十分真实可靠的，无论感情状态是否亲密，起码这种情侣的关系是“真实”的，反倒是这种为了应付长辈催婚或者出于其他原因的“临时情侣”，会给人一种逢场作戏、欺骗人们情感的感觉。

我坚持认为好的爱情，一定是因为遇见你，因为是你，我才知道人生原来可以这样活。我不会因为家庭的催促、社会的压力或者同龄人的选择而匆匆开始一段感情或一段婚姻，我如果选择结婚，那一定是因为我非常非常爱这个人，愿意和他成为一家人，愿意和他携手余生。

从小到大，无论是生活或者工作，我已将就了很多次，妥协了很多次。人生任何事情都可以退一步，唯有婚姻不可以。这是一辈子的事情，你选择结婚的这个人，是要和你一起走到生命尽头的，是要参与你的全部生活的，是要和你在未来的日子里风雨同舟的，如何能将就？

生命有限，匆匆也好，漫长也罢，没有人规定到了多少岁不结婚就是不忠不孝。如果还没有遇到那个人，等等又何妨？不为了结婚而结婚，才是对自己最好的交代。

钱锺书曾写给杨绛一段很美的文字："我见到她之前，从未想到要结婚；我娶了她几十年，从未后悔娶她；也未想过要娶别的女人。"杨绛和钱锺书两位先生用一生诠释了"愿有岁月可回首，且以深情共白头"。

所以，不要认为我太天真，也不要认为我太倔强，我不会为了结婚而结婚，同样也不会抗拒爱情的到来。如果真的有这样一个人出现，我一定会牢牢抓住他，和他一起开始一段新的人生旅程。

多谢你曾是我最美的心事

CHAPTER 03

我尽力喜欢过，但聚散不由我

此生能够遇到你并喜欢上你，是我的荣幸。以后的日子里可能再不会有这样的疯狂和刻骨铭心。最后分开我猝不及防，但还是庆幸可以与你告别，并说声："对不起，这段时光打扰了。"

小时候词不达意，长大后言不由衷

“既然你还爱他，他也回来找你了，你为什么还要拒绝？”

“在我们分开期间他爱上过别人，那时候我们的爱就已经中断了。”

·爱情是不可以中断的·

在我看来，一段感情真正的结束不是分手，不是断联，而是我开始接受另一个人、另一段感情的时候，因为这代表我真的可以放下你、放下过去了。

我不太能接受破镜重圆，因为我觉得爱这个东西是不可以中断的。当然，这是我的主观看法，可能这个想法有点儿不成熟，但是我觉得他在我之后爱上另一个人，转头还能再回来爱我的时候，那份爱已经不纯粹了。

在爱情中，人心很小，只容得下一个人。他能够爱上另一个人就说明你已经出局了，心里装着一个人再爱另一个人这种剧情不要太狗血。

很多影视剧里经常出现这样的桥段：两个相爱的人因误会分手，为了气对方，各自找了另一半，并带到对方的面前去耀武扬威，只为了那份不服输的倔强。当然，这种故事的套路最终都是两人误会解开，破镜重圆。这样的情节在以前总是很吸引人的，好像两人无论有怎样的矛盾都抵消不了深情，这也是观众越来越不爱看狗血言情剧的原因。

现实生活中，哪有那么多真正的破镜重圆？要么是双方归来互相妥协延续感情，要么是发现人不如旧心怀以往。所以，根本没有真正的破镜重圆，裂痕只会隐藏，不会消失。

提问：你愿意另一半在和你谈恋爱的时候心里还装着另一个人吗？你愿意另一半对前任念念不忘、藕断丝连吗？

我想没有人愿意。断断续续的感情最伤人，即使做不了朱砂痣、白月光，我也不愿意去做那块破镜。

年少时说喜欢是一件特别含蓄腼腆的事，就像那句告白名句：“今晚夜色真美。”可后来的我们好像越来越不能坦率真实地袒露自己的内心，说出来的话也九曲十八弯，心里明明想要的是 A，却偏偏说自己喜欢 B。不知道从什么时候起，我们有了太多的言不由衷、口不对心。

你肯定期待过这样一个人出现，他不用你将心底的想法和盘托出就能明白你的意思，会在你开口之前准备好一切；他的每一个举动都落在了你的心坎上，就好像一个读心师，通晓你内心所有的想法。但是随着年龄渐长，那份期望与人生阅历成反比增长，你变得越来越失望，最后终于明白，原来那个想象中的人真的可遇不可求。

·表达爱，明确爱·

我有一对年少相识的朋友，他们在青葱岁月里谈了一场盛大的恋爱，在彼此最艰难的时候陪伴在对方身边。在那段时光里，他们是彼此唯一的精神支柱。但是这段感情终究是兰因絮果，他们在中途选择了退出。

我们都感叹于这样美好的一段感情的结束，也欣喜于他们没有在感情的伤痛中沉沦太久，而是选择重新开始。

后来他们各自有了归宿，很难说清是真的放手还是只是为了忘记彼此。其实，这段恋爱匆匆结束，我们还是略微遗憾，都希望他们能够在彼此更成熟的时候再尝试看看，说不定会有不一样的结局呢。但是两人却都说，他们回不去了，因为那些曾经说出口的伤人之语无法收回，他们曾经离开彼此陪伴在另一个人身边的事实无法改变，中途离开过的感情无论怎样修补，也再无可能回到最初的模样。

不可否认，每个人生阶段或社会时代都有自己的发展轨迹，所以在飞速发展的当今社会，看过那么多直白地表达心意的方式，我依然怀念多年前那种优雅的含蓄：在心里辗转了千百回，措辞了无数遍，到了你的面前，却只有一句“今晚月色真美”。

我们曾经说过太多违心的话，但是我希望你们记得，至少在爱情这件事上，不要掺杂太多口是心非，更不要试图欺骗自己。我又不是占卜师，非得你懂我的词不达意，我懂你的言不由衷，坦率一点儿，痛快一点儿，洒脱一点儿，爱情里从来不需要那么多弯弯绕绕。

纵使结局不如意，遇见即是上上签

无论你遇见谁，他都是你生命中该出现的人，绝非偶然，他一定会教会你一些什么。

·或许没在一起也是不错的结局·

“喜欢或相爱就一定要在一起吗？”如果这句话在我二十岁的时候被问，我一定会毫不犹豫地说：“当然要在一起啊，不然白经历一场，那些所有喜欢却不在一起的理由都是借口。”

但是现在这个年纪的我，却不会这么果断了。现在的我明白了喜不喜欢、合不合适、在不在一起、结不结婚，是不同的几件事。我以前总觉得只要相爱，一切都不是问题，说什么爱情被现实打败了，只是因为爱得不够坚定。现在想想那个时候的自己确实年少轻狂，既低估了现实，也高估了自己。

什么时候才开始明白这个道理的呢？当你用尽全力去喜欢一个人却只换来半生回忆的时候，你就会明白爱情很多时候真的不是非你不可。失去一个很可能携手一生的人，我觉得是一个人人生的必经之路，而我们需要做的就是做好接受的准备，在它迎头来时不会沉沦其中、手忙脚乱。

我不喜欢在分手的时候闹得很难看。无论最后两人之间发生了什么，或者积累了多少失望和痛心，你要清楚，曾经你们之间的美好都是真的，曾经立下的誓言、说出的话语在那一刻也是真心实意的，既然如此，为什么不能在分手的时候也保留彼此最后的体面？既然已经无法在一起，即使勉强也要装作潇洒放手的样子，不要殃及曾经的美好，否则既辜负了这段感情，也辜负了自己。

一段感情，怎样才算是真的圆满呢？走入婚姻殿堂？共同养育孩子？还是生同衾死同穴？似乎没有一个确切的答案。

我们无法用外界的标准去评判一段感情成功与否，所以现在的我反而觉得，一段感情就算没有走到结婚这一步，也没有什么可遗憾的，至少曾经相遇过、彼此拥有过，这就已经比绝大多数人要幸运了，至少你们在遇见彼此的时候没有错过。曾经彼此陪伴、互相扶持，在旁人不知道的岁月里相濡以沫，在最艰难的时候陪伴在彼此身边，这样就已经足够美好了。

可能最后的你们因为种种原因选择了分开，那也不必想尽办法抹去这段过往，或许事过经年，某一天你们还会偶然想起对方，想起这段岁月的美好与心伤，这些都是人生不可多得的际遇，是值得你珍藏一生的回忆。

·珍惜遇见的缘分，看淡失去的无奈·

朋友小桃曾经用好几年的时间去苦心经营一段感情，她和男朋友相遇时也是人生老套路，事业刚刚起步，每天风云变幻，两人相遇相识、互相取暖，慢慢变成彼此身边最亲密、最信任的人。那个时候他们无论出现在哪里，都会紧紧牵住彼此的手，脸上都洋溢着甜蜜的笑容。当时作为朋友的我们，深深体验了一把羡慕嫉妒恨，当然，更替他们感到高兴。

人总是习惯性期待美好的结局，旁观别人的爱情也是如此。总以为小桃的爱情因为同过甘共过苦，总会求得一个天长地久、不离不弃，但偏偏事与愿违，两人还是没有逃过分手的结局，且分得并不体面。

抛开分手原因不谈，看到他们在分手时撕破脸、芝麻绿豆的矛盾都放上台面作为“罪证”的狰狞样貌，让我们对两人之前表现出的相爱模样产生怀疑。两人最终落得老死不相往来的结局，我们都深深为之惋惜。

后来的后来，我和他们都有过接触，再谈及这段感情，两人都已经能冷静提及了。我发现他们俩当时分手，不是不爱了，只是真的没有办法再一起走下去。两人之间除了爱还横插进了很多现实因素，我从他们身上最为直观地看到了“爱情并不能战胜一切”这个道理。

身为朋友的我，觉得两人无比般配，又是识于微时，相爱的感情本不应该落得如此结局。但是爱情这件事，如人饮水，冷暖自知，外人再怎么感叹，毕竟不能感同身受。

或许某一日他们还会想起彼此，想到这段感情中的点点滴滴，可能心中已无多少波澜，但还是会庆幸，在那个年纪，他们没有错过彼此。无论最后怎样，那些曾经的甜蜜是真的，美好是真的，爱意也是真的。

泰戈尔曾说过:“你今天受的苦，吃的亏，担的责，扛的罪，忍的痛，到最后都会变成光，照亮你的路。”

爱情其实是比较简单的事，喜欢就尽量去爱，即使不能在一起也不遗憾；能在一起是幸运，尽量珍惜这段缘分；不能一起走下去了也不要强求，更不要沉沦，有些时候光是遇见就已经是人生难能可贵的幸运了。

我尽力喜欢过，但聚散不由我

此生能够遇到你并喜欢上你，是我的荣幸。以后的日子里可能再不会有这样的疯狂和刻骨铭心。最后分开我猝不及防，但还是庆幸可以与你告别，并说声：“对不起，这段时光打扰了。”

·既然心不由己，喜欢就去尽力争取·

“将感情埋藏得太深有时是件坏事，如果一个女人掩饰了对自己所爱男子的感情，她也许会失去得到他的机会。”这句话出自英国女作家简·奥斯汀创作的长篇小说《傲慢与偏见》。

都说艺术源于生活，确实，生活中总会有一些人，将自己的感情掩藏得很好，喜怒不形于色，还能理智、冷静地处理感情问题。先不要羡慕，这样的人往往活得很痛苦，稍微不小心，就容易走向极端，甚至殃及他人。所以，有时候将感情埋得太深未必是一件好事。

很多人一开始对于心动对象的反应都是观望，他们要确定一见钟情的心动是否可以发展为日久生情的恩爱，然后在观察和了解之后再决定要不要开始这一段恋情。这就产生了一个矛盾，因为我认为爱情里最不可取的就是长时间犹豫不定或是在原地等待。在你默默观察的这段时间，可能对方就有了自己心仪的人。

如果当时他对你动心过，但是你没有任何回应，也没有给出任何信号，对方很可能会以为你对他无意而选择离开。感情有多经不起试探，就有多经不起拖延。虽然说缘分这种事情确实强求不来，但是你不主动试试，又怎么知道有没有以后呢？

晓卡和阿阳在刚认识的时候，社会地位是有些不对等的，用现在的话说就是“女强男弱”，但并不妨碍他们彼此吸引。阿阳因为身份地位等原因，在面对晓卡时一直有点儿自卑，晓卡很清楚这点，她觉得先天条件既然无法改变，那就从其他方面寻找平衡。因此在平时的相处中会尽量顾及阿阳的感受，处处凸显两人的对等。

后来，晓卡不顾身边朋友的劝阻，主动追求阿阳，并一直尽力争取两人的未来。

晓卡一直觉得，身份有差距没关系，社会地位有差距也没关系，经济有差距更不是问题，只要精神能产生共鸣、情感能发生共情，两个人就可以生活在一起，只要相爱，什么都不是阻碍。可是晓卡忘记了，有时候越是小心翼翼，越是凸显不同。她的那些顾及在现实中滚过一圈后，也沾上了厚厚的污泥。于是，那些小心翼翼在阿阳眼中渐渐变了味道，导致后来两人之间的争吵日益频繁，矛盾越来越多。

晓卡知道阿阳依旧很爱自己，但是阿阳让自己一次次失望也是事实，而且她已经很努力在改变两人之间的差距，但她还是没办法改变阿阳对自己的认知。终于在某一次吵架之后，晓卡下定决心、鼓起勇气说了分手。

后来我问晓卡："你还爱他吗？"晓卡回答："我到死都爱他，但是我救赎不了他。我怕终有一天我们的感情消磨殆尽，连那句'一别两宽，各生欢喜'都无法说出口。"

那时我才明白原来哪怕真心相爱，也有许多不得已的理由而不得不分开。你看，在爱你这件事上，我尽力争取了，但是聚散真的不由我。

·不是所有的“我爱你”都能说出口·

我觉得人跟人之间的感情颇有些玄学的意味。爱情有时候真的要讲究一个天时、地利、人和，早一点儿或者晚一点儿，都可能失之毫厘，差之千里。有时候不小心想起过去，我总会感慨，如果我和他早一点儿或者晚一点儿遇见，可能结果都会不一样。

对的时间，对的人，我们可以一起滑雪，一起看海，一起拥有自己的家庭，一起去做很多情侣清单里的事情；错的时间，哪怕遇到了那个让你心动的人，最后大概率只会惨淡收场。跨越千难万险仍能相守的爱情有时只能存在于影视剧中，现实生活里多的是仍然相爱却只能天各一方。

不要再问“为何喜欢不去争取，为何想要不去追求，为何思念不去诉说”，年少时不懂爱而不得，长大了才知道，事与愿违才是生活和感情的一种常态。有缘无分的爱情太多了，爱而不得的感情也不在少数，不是所有的“我爱你”，都可以说出口；不是所有的“我想见你”，都可以去见面；不是所有的感情，都能被尊重和祝福。

所以，当你还能说出“我爱你”的时候，不要吝啬，尽情说；当你还能想见一个人就能马上见的时候就果断去行动。茫茫人海中能够相遇相知就已经是莫大的缘分，我们每天与无数人擦肩而过，很多人见过一面、说过一句话，便此生不复相见了。

如果真的遇到那个让自己心动的人，就大胆一点儿，无论结果如何，别留遗憾。

所有大张旗鼓的离开都是试探，真正的离开都悄无声息

每失望一次，我就少做一件爱你的事，直到备注改成全名、取消特别关注、上线不主动找你、收起你送的东西、删掉你所有的照片、再也不偷偷看你的时候，就是该说再见的时候了。

· 我要离开了，而你不必知道 ·

作为情感博主，每当有闺密或朋友在和男友吵架之后来我这里倾诉或吐槽男友的“种种罪行”时，我都喜闻乐见，且听且开解。因为我知道，她们之所以还愿意倾诉委屈、吐槽对方，是因为基本没有什么解决不了的大问题。反之，才最可怕。

那些嘴上总是吵着闹着要离开的人，大多数都只是雷声大雨点小；反而那些真正下定了决心离开的人，往往没有一点儿预兆，可能前一天还有说有笑地和你坐在一起吃饭，第二天就悄无声息地消失了，再也联系不到。

感情里再多的大吵大闹，或许都有可回旋的余地，只有不动声色、毫无波澜，才是到了爱情落幕的时候。所以男生需要注意了，在女生还有心劲和你吵、跟你闹甚至上演“离家出走”等戏码时，说明她在乎你，试图用一些她自认为有效的方式引起你的注意，等你挽留。

一气之下就立刻摔门而出的这种任性行为，只有被爱的人才有资格这么任性，他能包容你的矫情，也是因为有爱支撑。

前段时间看《如懿传》，宫斗情节说来说去也就那样，自认为早已心如磐石，但在看到如懿和乾隆最后一次相见的那一幕时，不知道怎么就红了眼眶。

乾隆准备离开时又转身回望如懿，心里有愧有悔但已不知怎么说出口，而如懿只是淡淡道：“你知道‘兰因絮果’这句话吗？我年少读的时候只觉得惋惜，如今却明白了，花开花落终有时。”

如懿说话时眉眼间都是平静，甚至微微带笑，我却看得心酸不已。从墙头马上到兰因絮果，他们的爱情早已物是人非。

站在如懿的角度来看，与其说是失望，不如说哀莫大于心死。所以在看到乾隆得知如懿故去前安排好了一切，唯独剔除了他的时候，看到他满心愧悔、泪流满面的时候，我竟然有种卑鄙的快感，迟来的深情比草轻。

故事的开始总是极尽完美，故事的结尾却都相似的狼藉。失望是一点点累积的，离开也是一个历时很长的决定。原本是想找一个人共同抵御风雨，没想到生活中的风雨全是他带来的。离开的人不是不爱了，是因为失望攒够了。失望攒够了，也该离开了。

·真正离开的那次，关门声最小·

看到过这么一段话：“所有大张旗鼓的离开都只是为了试探，真正的离开从来都是悄无声息的。真正想要离开的人，只是挑了一个风和日丽的早晨，穿了件最平常的衣服，悄悄关上门，然后就再也没有回来。”

瓜瓜分手的时候，我们谁都没想到，她跟阿乖在一起五年，已经到了谈婚论嫁的地步，前几天却突然跟我们说她分手了。

瓜瓜性格阳光开朗，做事认真细致，操持家务更是有一套，身为女孩子的我们总是感觉谁娶了她肯定福气满满。阿乖也是个精神小伙，与瓜瓜热恋时也体贴周到。总之两人算是天作之合。

不过阿乖年前辞职了，说是想自己创业。他本来学的计算机专业，又酷爱打游戏，工作也是游戏开发，因此瓜瓜还是挺支持他的。可是在阿乖创业的三年时间里，瓜瓜眼看着他从开始的勤奋工作堕落到沉迷游戏、躺平生活，灰心不已。她吵也吵过、闹也闹过、谈也谈过，可是效果不大。

这天如往常一样，瓜瓜下班回到家，看到阿乖一如既往地瘫在沙发上打游戏，早上出门时让他放进洗衣机洗一下的衣服还在衣篓里，桌子上、地板上放满他吃的零食袋子……瓜瓜绾起头发，把衣服丢进洗衣机，进厨房给自己煮了碗面，坐下来静静吃完后，她抬起头对阿乖说：“我们分手吧。”然后转身进卧室收拾好东西，离开了两人准备共度一生的家。

离开的原因是什么呢？说起来无非是自己肠胃炎犯了，让阿乖去买药，他却忙着和自己的兄弟们团战，还嫌弃她矫情；五一假期说好一起去玩，临近出发时阿乖却说忘了订票，现在票已售空……都是一件件平常看起来微不足道的小事。可也就是这些小事，慢慢耗光了瓜瓜对这段感情的期待。

没有谁是因为一时冲动而离开的，那些失望的积累，就像堤坝下逐渐因侵蚀而拓宽的裂缝，你看见的，只是它崩溃的瞬间。经历过的人才知道，都是在时间的洗礼中经历过很多个难熬的夜晚，才能够在离开的时候保持坦然平静。

如果有一天，现在的感情或者如今的这个人已经不能让你感受到快乐和安心，那就不要再纠缠。一段感情到了真正需要离开的时候，不需要通知任何人，真的只是在某一个早晨，在对方仍在沉睡的时候，拉起早已准备好的行李箱，打开这个居住了很久的房子的大门，最后将门轻轻关上。

你别后退了，我不往前就是了

“你这么主动去追求、去挽留，他怎么反而退得更远，跑得更快？”

“所以现在我不往前了，他也不用再后退了。”

·相处的时候向往随性，结束的时候总是潦草·

因为淋过雨，所以才想为别人撑伞。这次想说一下我和他的故事，希望能给读者们一些借鉴和启示。

又一次吵架后，我无比生气地对他说了分手，语气强硬，态度坚决。我以为那么熟悉我的他应该知道，这句分手并不真心。相爱多年，我自信接下来的套路闭着眼睛都能接上，我嘴上坚决地让他走，心里却想他赶紧来哄我。

可是这次他头也不回地走了，我当时还在气头上，没有道歉，也没有挽留。我总觉得，等我们都冷静下来，他还会回来找我，我们之间有这么多牵绊，不会就这样草率地结束。可是这次故事的结尾，却并没有如我所愿，他没有再回头。

分开后的一段时间内，我都觉得不真实，总觉得我们之间根本不会这么潦草地结束。因为我们之前相处，他看起来是真的很爱我，所以我怎么也不信他会彻底放手。

当然，分手后的删除、拉黑、断联，一步都没有少，只不过操作的那个人是他，我是被断联的人。后来从朋友那里得知，分开后他过得不错，甚至身边已经有了新的接触对象。

得到消息的那一刻我才终于清醒，他之所以能头也不回，是因为早就在预谋着离开，不是这一次，也会是下一次。只不过是我这次先说出来，正好给了他冠冕堂皇地离开的理由。也许，他还害怕我会突然后悔，就再也没有这么直截了当的借口。

不得不承认，我高估了自己的感情，也低估了他的算计。

· 有一种放手叫体面 ·

前段时间一直听的一首歌叫《体面》，我特别喜欢里面的一句歌词："分手应该体面，才没辜负这些年。"相爱终究是美好的事情，即使分开，也不希望曾经的美好错付了。如果结局已定，倒不如大大方方放手。

在刚分开时，即使被拉黑，我也在通过各种方式或明或暗地打探他的消息。说我矫情也好，别扭也罢，我只是不能接受这段感情就这么断崖式结束。那些甜蜜的过往、美好的回忆，我都舍不得丢掉。我想挽回，不然也不会在分手之后各种打探，觉得我的行为或多或少会传到他的耳朵里，正好给彼此一个台阶。也是从朋友口中得知，他确实知道了我在试图挽回，但绝口不提再见，甚至有意躲避。

随着我往前走得步伐越大、奔向他的速度越快，他反而后退得更远，逃离得更迅速。我开始不知所措，求不得又放不下，我切身感受到了。

知道他已经重新开始的那一刻，我是真的前所未有地心痛，也前所未有地轻松，这并不矛盾，即使我知道我们早已经分手了，但是我还是需要这样一个契机，让自己彻底断了念想。

我知道咄咄逼人的样子很丑，也知道纠缠不休的样子很丢脸，可如果不是真的还爱，谁又会愿意委曲求全？

我也是后来才想明白。有些东西注定不是你的，强求不得，感情更是如此。况且，在这个压力山大的社会，有太多需要我们去权衡和考量的事情，爱情只是一部分，甚至只是一小部分。它可以成为疲惫生活的慰问品，但绝不能成为疲惫的来源。

当我终于正视生活不只有爱情这个事实时，回首再看，那段让人疯魔的爱情甚至在我的人生清单里排不上前三名。还要继续生活的成年人没有权利整天把情爱挂在嘴上，因为有太多比爱情更重要的事必须且值得去做。

现在这样，我终于能彻底放手、不再纠缠，算是留给彼此最后的体面。即使再遇见，我也能大大方方告诉对方：“你以后不用再往后退了，因为我不会再向前走了。”

或许换个时间，我们真的合适

于千万人之中遇见你所要遇见的人，于千万年之中，时间的无涯的荒野里，没有早一步，也没有晚一步，刚巧赶上了，没有别的话可说，唯有轻轻地问一声："噢，你也在这里？"

·或早或晚的爱情都不行·

席慕蓉曾说："在对的时间遇到对的人，是一种幸福；在对的时间遇到错的人，是一种悲伤；在错的时间遇到对的人，是一声叹息；在错的时间遇到错的人，是一种无奈。"我觉得太浅。

王家卫有一句台词特别经典："爱情这东西，时间很关键。

认识得太早或太晚，都不行。”我深有同感。

我也曾长时间地憧憬浪漫的爱情，也曾为爱奋不顾身过，即使结局并不如意，但是南墙这个东西，你不亲自撞一下总是不甘心，更何况还有撞了南墙都不回头的人呢。

茫茫人海，知己尚且难求，更何况身心契合的人，说大海捞针一点儿都不过分。小部分人运气好，比较容易找到；大多数人仿佛被月老设下了迷障，寻寻觅觅很久也未必能相遇。

我们总说，要在合适的时间做合适的事情，就像做菜一样，先放什么，后放什么，每一味调料该放多少，都是有讲究的。若是不管不顾，再好的材料也会被白白糟蹋了。

爱情也是一样，在恰当的时间遇见恰当的人才可能圆满。

有人说年少的时候不能遇见太惊艳的人，否则这一辈子都会念念不忘。可是现实却是，我们大都在青春时候遇见过一个明知道没有结果但还是义无反顾地动心了的人，然后用好久的时间来淡忘。所以，我一直觉得，在对的时间遇到对的人是童话，可遇而不可求；在错的时间遇到对的人叫青春，相濡以沫不如相忘于江湖。

·不是不相配，只是相遇的时间不对·

我认识的一个姑娘木木，在刚刚步入社会的时候就认识了一个非常温暖的男孩大 C，大 C 和木木很像，性格倔强，好强不服输，但生活方面却很细致周到，知冷知热，很会照顾他人。从基层起步，从低谷走来，一个人太苦，于是他们相互扶持，然后日久生情。

我以为他们会一直走下去，直到感情开花结果，毕竟同甘共苦的爱情总是比其他时候降临的感情要牢固些。而且作为朋友和旁观者，我知道这些年木木在这段感情里倾注了多少、付出过什么、放弃过什么。可是，最后两人还是选择了分手，原因无他，只是两人对于未来的规划产生了分歧：大 C 想要早点儿结婚、生孩子，拥有自己的小家；木木觉得趁着年轻，尽力再打拼几年，未来的生活会更轻松、更有保障。双方僵持不下，最终分手。

现在问起，我只知道，大 C 在分手一年后结婚生子，过上了大部分人都走着的人生道路，如今孩子已经几岁了。而木木至今没有结婚。我不忍心再问原因，也许是再遇不到如大C那样令她心动的人，也许是她在等待什么。

他们俩不合适吗？并不是，只是相遇的时机太不凑巧，对于木木来说相爱太早，对于大C来说却相见恨晚。不管如何，我终究为这段只能在逆境中相伴，却不能在顺境中相守的感情惋惜。

可是，在一切都准备好的时候遇见对的人的概率真的太小了，所以如果你有幸遇到，一定要牢牢抓住，不要辜负。你要知道，你们的这种缘分是多少人求而不得的幸福。

所以，我希望大家都能在对的时间遇到对的人，在那之前先好好爱自己；如果错过，那我希望你保留一丝渴望，毕竟人生很长，总会再有一个人让你发现等待是值得的。

爱意随风起，风止意难平

后来才知道，有些感情就像空气，它安安静静地存在时，存在感并不强，等它转身离开时，却能带走你的生命。

·我没有忘记你，可我再也无法拥有你·

今天在书里面看到了一句话："我可以明目张胆地想你，但是却不能明目张胆地找你；我可以明目张胆地喜欢你，但是却不能再明目张胆地拥有你。"这句话将爱而不得、忘而不舍的煎熬感诠释得淋漓尽致。

每段感情结束，多多少少都有些意难平，所以最怕突然想起一段已经结束的感情。因为分开的那一刻还没来得及满溢的痛苦，却在分开很久后的某一天突然山呼海啸般闯入了你的世界中，令人没有一丝防备地承接那些拼命想要埋藏的意难平，那种感觉真的要命。

我曾经看到过一个男性朋友在和前任分手一段时间后的某一天，突然在一次聚会中喝得酩酊大醉，然后痛哭流涕，他哽咽着对我说："我可能真的错了。在这段感情里，不能说她完全没错，但是我现在一点儿都想不起她的不好，脑子里全部是她的好。分开前，我一直觉得即使分开，以我的性格，总不会成为放不下的一方，因为在这场爱情里，我每次都赢。可是分开后我才发现，她才是无处不在的空气，平时没有存在感，但就是离不开。她教会我爱，又把我惯坏，我还自以为是地心存侥幸。我现在才知道，爱情里哪有输赢？两个人能长久才是赢。我现在终于明白，我还爱她，很爱很爱，只是我明白得太晚，已经留不住她了。"

我听到他说的这些万分震惊，因为在我的印象中，这个朋友一直是成熟冷静的样子，有时候甚至近乎冷漠。他与女友恋爱的时候也没有多轰轰烈烈，从平时的互动来看，女友对他充满了迁就和包容。因此，自他与女友分手以来，我觉得他确实过分冷静，不仅对前任毫无留恋，甚至已经做好了开始下一段恋情的准备。

但是直到这个喝醉痛哭的晚上我才知道，理智如他，原来心里也藏有一份意难平。

或许所有的分开都会经历从“我最大的遗憾，是你的遗憾与我无关”的无奈到“我感觉到幸福，是看到你幸福”的坦然。

·意难平不是让你画地为牢，而是让你再次敞开心怀·

我看过很多段非常相配的爱情，是那种两个人站在一起，就会让你觉得世界美好的感情。但我都会刻意回避他们的感情动向或者结局，因为我希望他们圆满，所以怕听到不如意的结局，怕他们成为我们这些看客心中的意难平。

我之前也说过，爱情想要长久、圆满，天时、地利、人和真的缺一不可。很多意难平的产生，要么是相遇的时机不合适，要么是彼此间距离不合适，要么是遇到的人不合适。可是，世上哪有这么多各方面都适配的爱情，左不过其中一两方面双方互相迁就、包容、磨合而成。而就是这需要迁就、包容、磨合的地方，往往成为终结感情的导火索。这算不算“成也萧何，败也萧何”？

不可否认，意难平的爱情最让人动容。可是，你要知道，意难平不是用来临风凭吊的，更不是教你画地为牢的，它应该教会你的是引以为戒，吸取教训重新出发。我们不可能因为害怕，因为失去过，就不再敞开心怀。

成年人要学会并习惯“算了”。时间是治疗伤痛最好的良药，我们总归要学会放下。人生不过是一趟有去无回的旅行，不要对自己过分苛刻，不然会错失很多风景，很多时候，缺憾美也是一种美。你可以守着你的意难平，更可以同时开始下一段旅程，只希望有一天想起和他有关的岁月，不曾感到蹉跎。

爱意随风起，风止意难平。有风的地方，从来不缺爱，更不少意难平，但总有一天，山海自有归期，风雨自有相逢，意难平终将和解。

你在计划着未来，他却已谋划着离开

“下一站我们去哪里？”

“抱歉，之后的路不能再陪你。”

·所有的离开都是蓄谋已久·

你见过小猫扑抓玩具和猎物的场景吗？小猫扑抓玩具的时候，姿势摆得很足，冲击动作也很浮夸，不过实际杀伤力只有抬爪时的 0.5；但是猫抓老鼠的时候，没有花哨的动作，只是专注地趴卧着，可是老鼠出现的时候，一击必中，杀伤力十足。

在这里举这个例子，是给大家一个具象的说明。在爱情的世界里，分分合合、走走停停都很正常。但一个决定的实施，绝对不是单纯的一时冲动。并不否认，有头脑一热就不管不顾的情况发生，但这种冲动下的决定一般都会有回旋的余地，就像小猫玩玩具，实际伤害值很小；只有那种蓄谋已久、做好了充分准备的决定，才是真正的“杀招儿”，比如说分手离开。

凌晨1点，朋友陌陌打电话和我说她刚跟相恋六年的男朋友分手了。她的声音有些嘶哑，隔着电话都让我觉得心疼。

他们在一起整整六年，陌陌早就把对方当成了未来的老公，从未想过有一天会跟他分开。男朋友的工作经常有各种各样的应酬，喝醉是常有的事。所以陌陌不管多晚都等着男友回家，然后煮好醒酒汤。

那天晚上，在外应酬的男朋友依旧回来得很晚，他虽然喝了酒，但看起来却很清醒。陌陌跟往常一样煮好了醒酒汤端给他，他端起杯子沉吟片刻，然后突然问陌陌：“我们在一起多久了？”

陌陌听后愣了一下，在她的时间规划中，两人的下一步就是结婚，男朋友的这一问让她的心开始躁动，以为守得云开见月明，于是微笑着说道：“下个月就是我们在一起六周年的纪念日了。”说完满含期待地望着对方。

“我们……分手吧。”

陌陌的笑容一下子僵在脸上，她一度以为自己出现了幻听。她以为他是要向她求婚的，没想到却等来“分手”两个字。

多么荒唐讽刺，陌陌一直在计划着两人的将来，而男朋友却把她当成一个有年限的备胎，早就筹谋着离开。

我从来不认为一个人的离开是突然事件，任何的结束一定都有迹可循。亲密关系里，想离开你的人，一定是蓄谋已久，绝不是突发奇想。爱上一个人或许可以是突然之间，但是离开一个人，一定是做好了准备，只是找了一个合适的时间说出来而已。

·旅行是检验两人是否合适的最好方式·

如果你不知道和对方是否合适，那一起去旅行吧。

在一次单独旅行中，我遇到过一个女孩儿，她叫小菲。女生之间的友谊总是突然又神奇，只是一句“你用的什么牌子的粉底液，皮肤好好”就能让我们顿生倾盖如故的感觉。问起她旅行的原因，她说：“只是想检验一下与男朋友是否合适，如果合适，我想让关系更进一步。现在旅行结束了，我也做出了决定。”

我看她的神态并没有喜悦，心里不禁叹息一声。果然，在我还在犹豫要不要继续这个话题的时候，小菲已平静开口：“在开始这段旅行之前，我一直觉得我们的感情很快就能开花结果了，因为平时打电话、聊微信、吃饭、看电影等约会活动都很和谐，从没有发生过冲突。但是直到我和他一起出门，才发现我们有多么不合适。

“据说现在尊重人的最高级别，就是在一起的时候不碰手机，我挺赞同这句话的。我习惯和别人在一起的时候不看手机，因为我觉得如果对方和你说话的时候，你一直在看手机是一件非常不礼貌的事情。但是在我们一起旅行的过程中，他无时无刻不在看手机，连走路的时候我都像牵着一个盲人，生怕他过马路的时候被撞。

“我因此提醒过他几次，可是对方并没有听进去，依旧我行我素，拿着手机不停刷。不止如此，长时间相处后，我很快发现我们的饮食习惯、出行习惯、生活习惯真的有很大不同，之前约会时短暂的交集，这些问题根本不会凸显，但这次两三天的旅行真的让我身心俱疲。

“所以，现在旅行结束了，我决定要分开。其实他在旅行即将结束的时候问过我，下次旅行想去哪里。可他不知道，我一路都在做适配度计算，在他计划着下一次的时候，我已经决定离开。我没有想过去改变他，因为我没有干涉别人的生活习惯的权利。”

我听了她的讲述，不知道应该安慰还是应该祝福。有些人可能会觉得小菲小题大做，情侣相处需要磨合，慢慢来总会解决这些问题。但是我想说，在感情中，有些事情可以包容、妥协，但是有些真的不可以。生活也许可以将就、凑合，但感情真的不能将就。

爱情本是一件水到渠成的事情，根本无法强求。

再爱一个人，也要懂得爱自己，不要失去自己。真正的爱情，不会让你感到很累，你对我好点儿，我对你好点儿，如此便过了一辈子。

“我没事”这句话掩盖了所有，也道出了所有

他若爱你，你可以是任何一种女子。他若爱你不够，你才需要做一个全能的女子。

·撑不下去就别撑了，你又不是伞·

有多少人和我一样，对家人从来报喜不报忧？负面情绪都习惯自己默默消化，给家人呈现出来的永远是积极美好的一面。怕家人担心，怕麻烦别人，所以即使崩溃，也逞强着对别人说：“我没事。”

常听人说，成年人的崩溃，有时候看来不过是因为下雨天打湿了裤脚。有一部电视剧叫《我在他乡挺好的》，第一集就演了一个叫胡晶晶的女孩儿在自己生日这天跳桥自杀的剧情。

胡晶晶是一个乐观开朗的女孩儿，自己的事情自己扛，为朋友却能两肋插刀。这么一个热爱生活、乐于助人的女孩儿，却忽然跳桥自杀，这让身边的朋友和亲人悲伤又疑惑，因此开始寻找她自杀的原因。后来发现，成年人的崩溃往往就在一瞬间，可能也不是发生了多困难的事，只是突然就无法承受了。

胡晶晶在生日这天遇到了很多事，道出了许多在他乡打拼的人的艰辛。首先是她因为在完成自己的工作以后没有帮助其他同事完成工作而被公司突然辞退，公司甚至不愿意支付赔偿金，让她主动辞职。然后是在回家的路上，为了过生日而新换的连衣裙被地铁里的小孩子弄脏，对方却连一个道歉都没有。还有，朋友租房子被坑租金，她拿起菜刀维护朋友的安全。最后，胡晶晶站在天桥上接了一个电话，迎接她的是劈头盖脸的责骂。手机的掉落很难说有意无意，但它瞬间四分五裂的样子却真实地摆在眼前。也许手机掉落是压倒胡晶晶的最后一根稻草，她看着地上碎裂的手机，突然笑了，接着从天桥上纵身跳下。当然，看了后边的剧情才知道，对渣男林睿的爱而不得，才是胡晶晶崩溃自杀的主要原因。

这部剧中，胡晶晶虽然不是主角，但她让我们看到了生活的不易和在感情中求而不得的绝望。其实她已经足够勇敢，面对生活的艰辛、职场的不公、感情的挫败，还能总是笑着说“我没事”，虽然没有一次是真的没事。

这个女孩儿让我心疼，她把崩溃都调成了静音。我很想告诉她，感情永远没有你所想象的那么伟大。为一个值得你付出的人付出是一件让人欣慰的事情；为一个不值得你付出的人付出是一件荒唐而可笑的事情。

只要是人，总有不堪一击的时候，所以撑不下去的时候，就别再逞强，无谓的逞强只会让自己吃尽苦头、遍体鳞伤。

· 我其实想说，我真的“有事” ·

在我看来，“我没事”表达的意思要么是逞强，要么是坚强。被困难阻挡，却没被困难打倒，这是坚强。明知不可为而为之，这是逞强。

小时候的家是避风港，父母是依靠。长大后，自己慢慢变成父母的依靠，渐渐地把“我没事”说成了口头禅。其实并不是和父母不能再交心，只是，作为成年人的我们怎么能“有事”

再让父母担心操劳？有人认为这是长大后的责任，而我却觉得许多事都败在“自以为”这三个字上。你又怎么知道，父母不是一直在等长大后的你再次对他们说“我现在很需要你们”？

看过一句话：你不用一直假装坚强，你可以留一个缝隙让别人去爱你。

无论生活中或是感情中，一个人即使再坚强，也总有脆弱的时候。尤其是女孩儿，遇到问题的时候总是希望有个人能依靠。人确实矫情，自己一个人时，高烧 39℃也能咬牙挺着找到医保卡、挂号排队、打点滴；有人在身边时，一个小感冒引起的难受都能让你觉得委屈。所以，我不羞于承认自己一直在期盼着那个人的出现，能在我需要的时候给我一个拥抱和一副可以依靠的肩膀。我可以做自己的战士，但希望他能做我的盔甲。我希望在我面带微笑对所有人都说了“我没事”之后，能转身卸下伪装，告诉他：“抱歉，我现在不 OK。”

其实，说句“我有事”并没那么困难，少些盲目逞强，允许自己偶尔的不坚强就可以。人生的路太长，你也不需要一直坚强，偶尔停一停，才有时间鼓足勇气去面对更大的惊涛骇浪。

未成定局的事，就不要弄得尽人皆知了

我从来没有想过，当时爱得轰轰烈烈，弄得尽人皆知，最后竟然会以这样狼狈的局面收场。

·恋爱不一定要让“全世界”都知道·

年轻时天真地认为，谈恋爱就一定要让全世界都知道。于是朋友圈官宣、拍情侣照、发情侣日常、绑定情侣游戏账户等，想让全世界的人见证自己的幸福。情到浓时，爱意满心满眼，恨不得向全世界宣告：“这个人是我的啦，我终于找到自己命中注定的另一半啦！”于是朋友圈狂秀，喜滋滋地看着朋友们纷纷发来的祝贺，看着评论底下一排排的“99+”，心情不是一般的舒畅。

当时满怀憧憬，觉得我们一定会走到最后，就像影视剧里的男女主一样，哪怕全世界都在阻拦，我们也能携手一生。

但后来发现，真正能成为阻碍的，一半是外来的压力，一半来自我们自己。慢慢你会发现，现实生活中根本没有多少人对别人的感情有兴趣指指点点，大部分人对一段感情的祝福远大于质疑。

随着时间的流逝，当两人热情退去，感情开始进行一场场试炼时，分歧开始出现，矛盾开始累积，不满开始爆发，爱情那层甜蜜的外壳开始出现裂缝并不断扩大，然后我们终于学会清醒地看待对方，懂得理智地对待感情，可是这个时候，不知道我们已经渐行渐远到什么地方了。好吧，只好分手。

我们没有大声争吵，也没有互相埋怨，只剩疲惫的平静。在那一刻无比清醒地意识到，我们还是回到原来的位置比较好。于是我们之间的故事到此结束。

我也没有想到，当时弄得尽人皆知的事竟然会以这样惨烈的结局收场。当时的我们有多幸福多高调，现在的我们就有多狼狈多潦草。

于是我学会了低调，低调相遇，低调相识，低调恋爱，低调相处，低调吵架，低调和好，甚至于低调分手。终于真切体会到“爱情是两个人的事”这句话的真正内涵，哦，不，现在或许可以改成：“爱情最终还是我一个人的事，如人饮水，冷暖自知。”

· 好的爱情其实是一个概率问题 ·

我希望每个人都能坦荡接受“原来这段爱情没有结果”的结局，不要因为害怕而丧失爱人的勇气。在一段感情中，真正的悲哀不是你没爱到这个人，而是当那个对的人出现时，你却失去了爱人的能力。好的爱情其实是一个概率问题。

当我想明白这个道理的时候，我特别难过，但又有一丝复杂的欣喜掺杂其中。难过是因为我明白得有点儿晚，被大雨淋湿后也不懂得奔跑；欣喜是因为我还有来日方长，且以此为鉴，再不会轻易误入歧途。所以我至今对爱情仍怀有憧憬，即使经历过一段刻骨铭心、无疾而终的感情，我依然可以重振旗鼓、无所畏惧地去爱一个人。

但是经历过“人尽皆知”的爱情后，我不再喜欢将爱情的点点滴滴袒露人前了，最多不过身边两三密友知晓。

爱情萌芽是经不起现实的风吹雨淋的，我不想一段感情从内部分崩离析，更难以接受它被外界的评价和阻挠扼杀。我曾经听一位知名演员说过这样一段话，她说为什么有的明星谈恋爱以后不愿意公开，其实最主要的原因就是怕这段感情还没有扎根就因外界的种种评价拔地而起了。

爱情在没有内部矛盾的时候，外面的风风雨雨就是这段感情最沉重的枷锁。所以啊，现在即使谈恋爱，我也不太在意要不要让所有人都知道了，两心相知、两情相悦比什么都重要。我不想再谈一场开始轰轰烈烈，结束却狼狈不堪的爱情了，平平淡淡才好。

不论这个世界带给你多少枪林弹雨，你要记住那些杀不死你的东西只会让你更强大。我现在并不畏惧这个世界带给我的伤害，更敢于接受付出后的一切结果。

我相信一定会有一个人，翻山越岭向我奔来，哪怕晚一点儿，他也一定会踏光而来。

不是所有的感情一定有结果，但一定有意义

“我很感谢我的前前任跟前任，他们一个让我变成了懂事的女孩，一个让我变成成熟的女孩，而我最要感谢的是我的现任，因为他让我变回了一个小孩。”

·爱情怎样才算开花结果·

我一直在思考一个问题：爱情走到哪一步算是有结果？结婚？还是生孩子？还是一起携手到老？好像走到哪一步都会有下一步，根本没有最终结果。只能说，人生的每个阶段都有每个阶段的结果。

我的初恋持续了八年，最后还是分手，很多人问我：“你后悔吗？早知道你跟他没有结果，你还会不会谈这段恋爱？”

我能理解他们问这个问题的初衷，因为惋惜八年的时光，人生有多少个八年？但我的回答依然是：“会，再重来千万次，该我走的路我还是会走。”

其实走到半途，我就有些意识到我们两个人不一定能走到最后，但是我依然有些不甘心和不舍得，因为我真的爱他，固执地觉得只要我爱这个人一天，就会跟他在一起一天，我们就能多拥有一天的美好和快乐，所以纵使我已经看到了前路的悬崖，我还是想要坚持到坠落的那一刻再分开。

“可是等到坠落的时候再分开，你不会更难过吗？”

“当然会很难过，但是你不能否认的是，这个人曾经也带给你过很多快乐和满足。他陪你度过了一段别人没有办法替代的人生，不是吗？”

其实没有必要每一段感情都抱着一种“没有结果就算失败”的想法去谈。世上这么多人，光是每天在大街上擦肩而过的就不计其数，真正能够走进我们的生活里，成为熟人、朋友的就那么几个，能成为挚爱的更是少之又少，能够相遇相知就已经是莫大的缘分，能够彼此陪伴着走一段路则更加珍贵。

你要做的就是，不放过每一段缘分，它来时就痛快地敞开怀抱迎接；不纠结每一次分开，它不得不走时，就潇洒放开然后逼着自己释怀；不囚于每一次伤害，它或许没有给你想要的结果，但一定要相信你期待的爱情终究会来。

·让你看到不同的自己就是这段爱情的意义·

年少的时候，为赋新词强说愁。那时的我们，小学、初中、高中，陪伴在自己身边的似乎都是同一拨人，十多年的时间匆匆而过，似乎也没有费心去经营友情，就这么一路走了下来。但是长大后，早已识得愁滋味，却只能欲语还休。终于意识到，有一个人能在身边陪伴十多年，可以说是生命中不可多得的缘分。

我特别喜欢这样一段歌词："一路上有你，苦一点儿也愿意，就算是为了分离与我相遇。"不是所有的相遇都会有结果，但它一定有意义。所以哪怕我知道我们不会一直在一起，但是也不会改变我爱你的决定，这只会让我更加珍惜我们在一起的时光。

《泰坦尼克号》这部经典电影中，露丝做足了心理准备才有勇气靠近杰克，哪怕她知道和杰克在一起的自己要面对什么。因为意外，这段爱情并没有结果，可是多年后的露丝提起这段感情时，始终感谢杰克曾经出现过。因为杰克，她更加清楚自己想要什么；因为杰克，她看到了自己喜欢的样子。

爱情最重要的意义，从来都不是非得有个美满的结局，而是因为爱上了对方，自己看到了不同的自己。所以爱上一个人就能白头偕老，是对爱情该有的期望，但不一定成真。幸运的是，相爱的过程远比结果更重要，没那么计较结果，便能轻易走出分开的心伤。

现实生活的变幻莫测让我更加认清了一个道理：人一定要活在当下，抓住当下。总想着这段感情对未来有什么帮助或者价值，那你连当下的幸福和快乐都会一起失去。倒不如好好把握现在的每分每秒，感受如今拥有的一切，触手可及的快乐远胜于虚无缥缈的期望。

我很喜欢一句话："只要这段关系还是快乐的，那就一定是有意义的。"我们的生活就是由无数无意义的小事件组成的，每件事都要定个说法的话，生活该是多么枯燥无味，倒不如安心感受生活带来的每一丝变化和惊喜。

懂事太累，成本太贵

后来我们才知道，那些脾气好的人都在受气，善解人意的都在体谅，会照顾人的都没人照顾，会哭会闹的人有糖吃，那些懂事的反而没人心疼。

·懂事并不是爱一个人应有的方式·

看过一个视频片段，讲述一对情侣的生活日常，让心硬如铁的我莫名红了眼眶。

欢欣和阿木交往一年，周围人说得最多的话是："欢欣太懂事了，阿木真幸福。"是的，欢欣太懂事了，能自己解决的事儿从不麻烦别人，自己逛街，自己搬家，生病了自己去医院。可是，就是这些懂事的行为，却成了男友阿木的心病。

阿木在外出差，没有办法陪欢欣过生日，于是向欢欣诚恳地道歉后，用手机发了红包表达心意。结果欢欣很快又把钱退了回来，并说道："你工作要紧，生日也不是什么大事，我一个人过也没关系。"阿木外出参加聚会，别人的女朋友都会打电话来"查岗"或催促，唯独他，只收到欢欣的一条微信，特地交代他安心聚会，不着急回家。正逢下班晚高峰，大雨瓢泼，阿木身边的男同事通通接到女友或妻子的电话，或让送伞，或让车接，只有他，收到的欢欣的消息却是："雨大，路上开车注意安全。"

一次雨夜，欢欣加班到很晚还没回家，阿木不放心，开车刚到欢欣公司楼下，就看到欢欣正抱着一堆文件颇为费劲地走着。阿木赶紧把车停在一旁，下车帮忙。但他没想到，欢欣见到他的第一反应不是惊喜，而是自责，连说："你怎么来了？天气不好，你在家里等我就好了。"

那一瞬间，阿木心疼地看着欢欣，终于忍不住发了脾气："为什么你总说没事？在我这里，你不用这么懂事！"

听完这番话，欢欣惊讶地睁大了双眼，泪水瞬间夺眶而出。她知道，她终于遇到了那个对的人。

懂事的人，大多都存了太多心酸和委屈。她们沉默克制、坚强忍耐只为不给对方增加负担。但其实啊，这并非爱一个人应有的方式。总是希望你懂事的人，往往自己都不会太懂事。真正适合你的感情，从来不需要你太懂事；真正爱你的人，也不会舍得让你越来越懂事。

爱不是一个人的懂事，而是两个人的成全。

如果你太过懂事，总是选择故作坚强，隐藏起所有的情绪，不敢表露出一点脆弱和需求，那结果反而会与你所想要的背道而驰。所以，在感情中，有时候恰当地闹一闹也不过分，我希望所有的女孩子都有爱人的能力，也有被爱的底气。

·在感情中，你不需要太“懂事”·

曾经看到过一句话：小时候摔跤，总要看看周围有没有人，有人的话就哭，没有的话就默默爬起来；长大后，遇到不开心的事，也要看看周围有没有人，有人就爬起来，没有就哭。本以为是无稽之谈，后来慢慢明白，存在即合理，每句话的流行都有它的道理。

也不知道从什么时候开始，成年人开始奉行一个看似成熟但并不理智的规则：任何时候都要掩藏好、处理好自己的情绪，哪怕你前一天晚上还哭得痛不欲生，第二天太阳升起的时候，也要微笑着面对这个城市依旧不变的车水马龙。

小时候摔跤了、打架了、比赛了，无论结果如何，都会向父母倾诉，年轻时工作了、恋爱了也爱找朋友絮叨，但现在我遇到事情的第一反应，再也不是先找个人倾诉，因为觉得每个人都有自己的生活，不想一发生什么事儿就拿个喇叭到处喊。总觉得大家都很累，工作很累，生活很累，没有人有义务去分担你的负面情绪。鲁迅他老人家也说过："人类的悲欢并不相通，我只觉得他们吵闹。"

习惯真是一件很可怕的事。小时候习惯了自己的事情自己做，长大后习惯了自己的事情自己扛。每个在感情中习惯付出的人，都会变得越来越懂事，也越来越卑微。而对方既然一开始就理所当然地接受了你的好，那相处越久，你就越不可能得到想要的回馈。

这一生，我们会遇见很多人。有人喜欢你独立的样子，有人喜欢你可爱的样子，可是，只有喜欢你的真实样子的那个人，才可能是陪你走过一生的人。

所以啊，爱情的世界里，女孩子真的不要太懂事，你不用小心翼翼，更不用委曲求全。爱你的人，不会因为你偶尔的任性而离开；不爱你的人，也不会因为你永远的懂事而留下。别让懂事和委屈撑大你的格局，你要让自己越来越好，才会让对方对你越来越好。同时记得多笑笑，爱笑的女孩子运气总不会太差。

爱一个人
是疲惫生活中的英雄梦想

CHAPTER 04

爱你总有办法，不爱都是理由

宫崎骏说过："一个人如果真的爱你，无论怎样他都会来找你，说话再难听，吵架再狠，删除多少次，他都不会放手。"

他不是不想谈恋爱，只是不想和你谈恋爱

“他说他现在不想谈恋爱，我等得起。”

“你有没有想过，他说不想谈恋爱，其实只是不想和你谈恋爱？”

·他的恋爱名单里从来没有你·

总是刷到很多视频平台上那些文绉绉的“恋爱要从一束花开始”“一次拥抱结束一次等待”等所谓的优雅的“纯爱金句”，我对此无感。只有那些没有真正经历过感情的人才能将感情描述得浪漫有余，真诚不足，显得浅淡又漫不经心。可现实不是抒情，不是演戏，也不能练习。

相邻的部门有一个女孩儿叫小瑶，暗恋同部门一个男生已经两年。两人平时工作低头不见抬头见，说是暗恋，只是因为没有捅破那层窗户纸，可小瑶眼里的喜欢根本掩饰不住。

大家都知道小瑶的喜欢，唯独那个男生似乎“直男”属性过重，说两人只是普通朋友，自己现在根本无心恋爱，让大家不要误会。可就是嘴里说着这话的男生，却心安理得地享受小瑶明晃晃的偏爱，比如每天的早餐、特设的工作提醒等琐碎事宜。

作为旁观者，我对小瑶的行为很不理解，也曾私下偷偷问过小瑶为什么如此执迷不悟，明明那个男生就是在明目张胆地打着朋友的幌子享受伴侣的待遇。小瑶说她觉得“精诚所至，金石为开”，总有一天男生会习惯她的存在，变得不能离开。

理智告诉我，小瑶最终不会等到她想要的结果，但我确实被她天真的执着感动。

一段时间后，小瑶突然在某天下班时向我发出邀请，说想聊一聊。我预感他们两人之间应该已有结果了，果然，小瑶满面憔悴、勉强地牵牵嘴角说：“他有女朋友了，我的自欺欺人终于结束了。我以为他是没准备好恋爱，原来他是从来没想过和我恋爱。”

简单几句话，不必再细问细说，已能让人明白一切。我替她难过，又替她欣喜。难过她这么长时间才放弃撞这面南墙，欣喜她以后应该知道如何不再撞这样的南墙。

·暧昧让人受尽委屈，找不到“想”爱的证据·

暧昧实在是一种令人十分厌烦的状态，我对此的容忍度几乎为零。搞暧昧的人，会主动和你聊天、分享日常，还会半夜发信息、聊天等，近乎追求的行动一个不落，但是绝不会跟你确立关系。他会和你保持这种联系，又不只和你保持这种联系。反正每当你想确认你们之间到底算什么关系的时候，他就会开始打哈哈，把话题引到别处蒙混过关，你根本猜不到他这样是因为害羞还是因为惯性暧昧。

可能有人会说，爱情就是从暧昧开始的啊。错，请你搞清楚，爱情是从喜欢从心动开始的，绝对不是从暧昧开始的。而喜欢一个人的表现，则是我会关心你，会想了解你，会认真回复你的每一条信息，会关注你的每一个日常。如果一个人真的喜欢你，你是能明确感知到的。如果是暧昧，你就会感觉模糊，搞不清楚他到底是不是喜欢你。

习惯性暧昧说到底还是不想对感情负责，从另一方面说，他不是不想谈感情，只是不确定要不要和你谈感情。维持暧昧是一件很耗费精力的事，虽然不能将这种不确定性带来的甜蜜和美好全盘否定，但也正因为这种不确定性，很容易让人患得患失，甚至产生自我怀疑，长此以往，你在这段得不到安全感的感情里付出的成本会越来越多，直至不可自拔，迷失自我。这是不是也算一种变相的PUA（精神控制）？

所以，对待一段感情，要么放弃，要么认真。喜欢就让对方清楚地知道，不喜欢也让对方及早明了。

成年人的感情，讲究一个“非诚勿扰”。爱情和数学答案一样，要“有且仅有”。

如果做不到，那就请离对方远一点儿。姑娘们一定要清楚且坚信，真正美好的感情，是明确的爱的体现，能让你从中获取力量变得越来越好，而不是只有永无止境的拉扯与消耗。

爱你总有办法，不爱都是理由

“爱情真的没有办法长久吗？”

“我只能说，爱你总有办法，不爱都是理由。”

·距离不是问题，爱情又没学过地理·

我前两天参加了一个朋友的婚礼，说实话，我很意外，他们真的结婚了。他俩因为一些原因，一直异地恋。上一次我问朋友与对方多久没见面了，她说六百多天，也就是将近两年。就这样他们依然能让这段时间与空间上的双重爱情长跑开花结果，说实话，这在当代社会真是难能可贵。

在婚礼现场，我听着他们的心路历程和爱情宣言，内心极受触动。他们的结合告诉许多人：距离在相爱的人面前从来不是问题。即使异地相恋，我也会想方设法去见你；见不到的时候，会尽可能让你感受到我的信心和坚持，尽力守护这段不被外界看好又很容易从内部夭折的爱情。

他们在婚礼上说的一句话特别值得细品：“所爱隔山海，山海皆可平。”现在的我们往往更相信“所爱隔山海，山海不可平”。

我们这一代人，都不愿意在爱情中投入太多成本，更不愿意相信这样的爱情会发生在自己身上，于是逃避，或者放弃，就像诗人顾城说的：“为了避免结束，你避免了一切开始。”

我觉得造成这种结果的原因，无非是还不够爱或者根本不爱。真的相爱，会心甘情愿想尽一切办法解决所有障碍，距离根本不配成为分开的理由。

现在能义无反顾奔赴爱情的人真的太少了，可能是因为生活里的诱惑太多，导致忠诚反而成了爱情里的奢侈品。两人即使在一个城市，都免不了出现各种问题，更何况长久分隔两地。

别说什么“距离产生美”，异地时间长了，美很可能消失得更迅速。对于恋人来说，聚少离多历来更致命。现在的年轻人，更倾向追求速食爱情，一旦觉得相处成本、沟通成本太大，首先就会考虑要不要分开，然后快速投入下一段旅程。

木心先生的《从前慢》里说：“从前的日色变得慢，车、马、邮件都慢，一生只够爱一个人。”现在的我们，即使分隔两地，真的想要见面也不过几个小时的距离，奔赴对方所在的城市并没有我们想象的那么遥远。之所以觉得遥远，是因为心理距离变得遥远，远到你没有胆量和信心去坚持。

悲观如我，在看到这个朋友的爱情落地开花时，也终于在那一刻相信美好爱情的存在。所以，朋友啊，不要压缩奋不顾身爱一个人的能力，异地恋从来不是心意相通的两个人放弃感情的理由，能让一段关系走到尽头，必定是因为没有那么相爱。说到底，阻隔“所爱”的并不是“山海”，而是人心。

· 说结束的人是你，想结束的是他 ·

“你是不是一直在等我说分手？”

“这是你说的，不是我说的。”

“能不能给我个理由？”

“性格不合？星座不合？生肖不合？八字不合……”

“我成全你。我们分手吧。”

“好。”

剧情怎么就突然脱轨了？这让我想起那段“心酸爱情”语录：“爱上他的是我，感动的是我，难过的是我，吃醋的是我，下定决心不理他的是我，主动服软的也是我，最后，说放弃的还是我。”

结束这段感情，你还在惆怅难过连带不解，明明开始并不是真心想分手，但好似说着说着就分手了，而且还有这么多分手的理由。反观对方，他可能感觉终于脱离苦海，从此可以逍遥自在。

姑娘，你有没有想过，有的时候提出结束的是你，但真正想结束的却是他。他一直在等你先提分手，然后再顺水推舟。

所有的离开都是蓄谋已久，至于他给出的理由，不过是想给这段无疾而终的感情、给这次蓄谋已久的分开找个借口。

所以，这个时候就不要再追根究底，他已经迫不及待地答应分手，你说为什么，不过就是不爱了。真正爱你的人，给你的只有他的妥协、退让和包容，怎么会舍得让你伤心难过？既然他已如此决绝，你又何必“强人所难”？貌合神离的爱情不要也罢。

《甄嬛传》大家应该都看过，当被揭发了一切恶行的皇后跪在皇帝面前涕泪交加地诉说他们过去的誓言和爱意，诉说她为他的付出时，得到的只有自取其辱。皇后再恶毒，但对皇帝是真爱，可最后也只得一句“死生不复相见”，不过就是因为不爱。所以，当对方的心不在你这里时，就及时抽身吧，有些东西可以努力争取，但爱情真的强求不来，你感动不了一个不爱你的人。

人可以不被爱，但是绝对不能不自爱，哪怕在这段感情里你付出了全部，但在你决定离开的那一刻，就全部结束吧。你只需要记住一件事，在感情里可以轻易放弃你的人，都是不爱你的。无论他表现出多少的不舍，只要能轻易放弃你，那这个人就一定不爱你。

我为什么不提倡毫无保留、全然依赖对方的恋爱，因为你在爱一个人之前，你首先需要保证拥有完整的自己。在遇见对的人之前，学会好好保护自己，他的出现应该是锦上添花而不是雪中送炭。自己好了，才能好好爱他。

爱情有演技，你得有眼睛

“为什么我总是遇人不淑？”

“因为爱情十分狡猾，它可以演出来，所以你要学会分辨。”

·嘀！嘀！嘀！被渣预警已开启·

一个朋友曾问过我一句话：“一直被渣到底是不是我的问题？”我思索了很久，然后对她说：“被渣一次两次，可能不是你的问题。但如果频繁被渣，大概率就是你的问题。爱情有时候确实有演技，但是你也有眼睛啊。”

说实话，有时候我一点儿都不心疼频繁被渣的人，因为我觉得被渣一两次情有可原，频繁被渣就只能用愿者上钩来解释了。

关于频繁被渣，我总结了一下原因，大致有三种：第一，付出感太强。有些人陷入一段感情恨不得付出全部，操心程度堪比对方的母亲，这很容易让渣的一方理所当然地享受你的付出。第二，对对方太纵容，使对方的安全感过剩。耳根子太软在感情中也是大忌，容易失去自己的原则和底线，很难让对方有危机感。第三，自卑感作祟，总感觉自己配不上对方，所以会一步步包容退让。不知道这三点戳中了谁的心脏。

看过一句话：既然决定上了爱情的贼船，那就做个快乐的海盗，而不是只能缴械投降，乖乖束手就擒，做爱情的俘虏。

每个人刚开始陷入恋爱的时候，是因为对浪漫心动充满好奇和期待，在对爱情一知半解的情况下，识人不明、遇人不淑很正常，所以被渣一两次也比较正常，恋爱经验也是需要积累的嘛。

但是，在被渣过一两次后还频繁被渣就不正常了，因为正常人都懂得吃一堑长一智，一般来说，一两次的教训足以教会一个人对爱情变得谨慎，再面对新的感情时，他会多观察思考，吸取之前的经验教训，进而开始成长。如果一个人频繁被渣或者反复被渣，那他确实应该思考一下是不是自己本身存在问题。

·鉴“渣”防“渣”笔记·

如何防“渣”？看到这个问题，我真的被问住了。一是因为我从来没碰到过渣男。这不是凡尔赛，是我根本不是渣男的菜。我也想过为什么渣男看不上我，小有心得：渣我的成本太高了。

下面谈谈我如何防“渣”。

第一，图钱。开始接触时就涉及钱的情况你一定要小心了。

对于钱财，我比较有原则，所有认识得不够久的人，我绝对不会与之有任何金钱交易，因为我觉得但凡有点儿脑子的人，都不会与对方认识不久就谈钱。无论对方是说有困难需要周转或者是投资理财，我都不会轻易松口。这种没分寸感的人，单是做朋友人品就不过关，更别谈爱情了，如果你真遇到了，能跑多远跑多远。

其次是在一起后，两人在经济方面如果是 AA 制，你就要把握一个度了。不是说不能为对方花钱，只是一定要清醒地分辨对方值不值得你花钱。有很多人，尤其是女方，这时候很容易被男方套路。他可能并不是没钱，只是觉得不值得为你花钱。

当然，这里不是说女方花男方的钱就理所当然，只是提出一个相对中肯的衡量标准。当代社会成年人的社交有一条无声的规则：无论关系多好，都尽量不要有金钱牵扯，否则无论你们之前关系有多好，最后都很可能发展成老死不相往来。所以防“渣”，从守护自己的经济做起。

第二，图感情。什么叫图感情？脚踏两只船？玩暧昧？玩儿过就分？无非也就是这些吧。

在我看来，尤其对于女孩儿来说，这些情况很多可以避免。我觉得大多时候，男方心里想什么，想要什么，女方一定能感觉到或看出来一部分。我不敢说所有，但大部分的女生多多少少都具备当福尔摩斯的潜质。

举个例子，比如男方跟你认识不过几天，说约你去酒店，你不会真的傻到以为他带你去酒店是看夜光手表吧？其实，很多事情之所以能发生，是因为你给了对方机会。

相信我，这不是受害者有罪论，而是有的时候你明明一眼就看穿了他拙劣的借口，却依然愿意陪他演戏，甚至为此沾沾自喜。玩暧昧也是，如果只有一个人表演，暧昧根本不能得逞。所以，有因必有果，在被渣的同时，你需要反思一下有没有给对方可乘之机。

综上所述，防“渣”这件事说来其实是比较容易的，只要你不是盲目地心甘情愿跳坑，总能避过大部分的陷阱。时间就是诚意，想好好谈恋爱的男生女生，这个时代什么都可以快节奏，唯独爱情不可以。如果他在追你的时候都不愿意花时间、花精力，还能指望你俩在一起后他能有多珍惜吗？别觉得这是物质，这才是现实！

一个真正爱你的人，恨不得把全世界都捧到你面前，他可能给不了你最好的，但是他可以把他的全部都给你，这样的人才值得托付终身。

爱情可以冲动，但绝对不能盲目

傅雷给儿子的信中曾写道："初期交往容易感情冲动，单凭印象，只看见对方的优点，看不出缺点……感情激动时期不仅会耳不聪，目不明，看不清对方；自己也会无意识地只表现好的一方面，把缺点隐藏起来。"

·爱情容易让人冲动，更使人盲目·

人们常说，爱情使人盲目，深陷爱河的人，常常会陷入自己的主观思维中，将爱情幻想得很美好，因而看不到对方身上的缺点，甚至明知是陷阱，也会主动跳进去。

曾经听朋友说起过她另一个圈子的朋友——小安的故事，

让我十分感慨。

小安与男友交往两年，男友的态度不咸不淡，无悲无喜，一直是小安在用十二分的热情维持这段感情。直到男友突然对她说，接下来自己要开始准备考研，可能半年的时间不会看手机，这半年两人就不要联系了，等考研完毕再联系。

小安真的很相信男友，即使是如此拙劣的理由。她觉得自己确实不应该打扰男友奋进，而且半年的时间很快就会过去，她等得起。

你肯定觉得不可思议，这姑娘的脑子是不是被驴踢了？可我只能说小安这个傻姑娘，只是爱惨了她的男朋友。

朋友说她曾经明里暗里地劝过小安，现在的人有几个是可以完全离开手机生活的，就算要考研，就算不能一天几个小时连麦聊天，但是每天回复一下消息、一周打个电话的时间都没有吗？难道不出门就不用看消息、刷动态了？订外卖也不用手机支付了吗？半年的时间和他的父母亲人都不联系了吗？怎么可能！也许在小安看不见或者不知道的另一个号码上，他一天八个小时“王者”在线。

可是小安是个认死理的姑娘，铁了心地相信她的男朋友，觉得男朋友为了学习努力奋进，她应该全力支持。故事的结局没有反转，更没有奇迹，男朋友早就移情别恋了，小安被迫分手。

听完这个故事，我不由想起了心理学上著名的“晕轮效应”，是说人们在交往中，对方的某个特别突出的特点、品质会掩盖人们对他其他品质和特点的正确了解。简单来说，就是当我们深爱一个人的时候，这个人在我们的眼中便自带光圈，我们会在主观思维的驱动下将对方的优点无限放大，从而看不到对方身上的缺点。小安男朋友“努力奋进”的人设真假不论，但不妨碍两人一个愿打一个愿挨。

听朋友说，即使分手了，小安还在找理由为前男友找借口开脱。听到这里，我只能叹一声“可怜之人必有可恨之处”，小安的爱确实冲动且盲目。

你真的没有办法叫醒一个装睡的人。感情最讲究顺心而为，他爱你就总有办法解决所有阻碍，不爱你就算创造阻碍也会找到借口离开。总归还是因为你的盲目卑微给了他肆无忌惮地伤害你的机会。

·一个人如果真的爱你，无论怎样他都会来找你·

朋友晓雯，曾半夜打电话哭着问我："我还是放不下这段感情，好想他，你说他这么长时间没消息，是不是也在等我？"

我听着她在电话那端压抑的哭声，心里很不是滋味。

姑娘啊，联系他又能怎样？是你再次卑微道歉期望他能"大方原谅"，还是能把问题封存然后抛开过往？你清醒一点儿吧，如果对方还爱你，他怎么可能舍得这么长时间不联系你？如果他还在意你，怎么可能在你给了台阶的时候，假装看不到选择无视你？哪怕你再自欺欺人，再想破镜重圆，也不得不承认，你在他心里已经不重要了，至少没有你想的那么重要。他所有的行为都是在告诉你，他已经不爱了。即便你卑微到尘埃里，他也不会多看你一眼，甚至还会毫不留情地踩上去。

宫崎骏说过："一个人如果真的爱你，无论怎样他都会来找你，说话再难听，吵架再狠，删除多少次，他都不会放手。"

如果一个人爱你，不管你胖瘦、贫富、美丑，他都会和你在一起。不会和你冷战，最多也是彼此冷静一些时间，但是丝毫不会让你感受到隔阂。爱你的人，会爱上并包容你的缺点；

不爱你的人，总是吹毛求疵，鸡蛋里挑出骨头。

如果他真的爱你，即使你们之间真的有不可回避的问题，他也绝对不会不主动、不联系。如果在把能做的都做了，能争取的都争取了之后，他依然如此，你也不必自讨没趣，主动和他说句分手，也算各生欢喜。

你永远留不住一个心里没有你的人，也打动不了一颗不爱你的心。所以一个人如果真的爱你，无论怎样他都会来找你。如果他执意要走，你只需放手，在感情里可以轻易放弃你的人，他一定不爱你。

不是没你不行，而是有你更好

你来了，我很开心。但是没有你我也可以过得很好。

·爱情是动力而不是累赘·

现实中不乏这样一类人，他们觉得自己离不开爱情，就像鱼儿离不开水一样。他们谈无缝衔接的恋爱，可以迅速从一段感情中走出来，紧接着进入下一段恋爱。

我对这类人群进行了一段时间的观察和思考，总结发现两种情况：一是这些人不是因为想和对方有开花结果的感情而谈恋爱，只是单纯地不喜欢孤单，尤其看到别人成双成对，就更不允许自己一个人，所以有些感觉就可以开始一段感情；二是有些人想通过谈恋爱这件事弥补自己一直以来内心深处对爱的渴求，这对于他们来说不可或缺。

我曾经很不理解以上两种人的行为，后来慢慢发现，他们往往都有一个共通点——缺爱。

第一种情况的人是天生害怕孤独，需要人陪；第二种情况的人，他们大多因为原生家庭的影响没有得到足够的关爱，以致对爱情充满期待，拼命渴望从别人尤其是异性身上得到爱来弥补这种缺失，所以只要有就行，无所谓长久。

以上这两种情况我没有资格去褒贬。但是我想说，如果你只把爱情当作一种慰藉和依赖，那你的每段感情都是岌岌可危的。

爱情最美好的状态是势均力敌，并肩前行，如果一个人总是在感情里过多地依赖对方，终究会成为对方、成为这段感情的负累。我们每个人都是独立的个体，理当在自己的人生路上昂首阔步地前行。

“因为你，我想要变成一个更好的人，不想成为你的负担，因此发奋，只是想证明我足以与你相配。”这句话是宫崎骏写在《侧耳倾听》里面的。这句话告诉我们：

爱情从来不是我们的累赘，而是我们走向远方的砝码与动力。爱情并不是必需的行囊，也许它会为我们的生活增添几分色彩，但绝不能成为彼此的负担。

·爱情是精神的奢侈品，没有也行·

我可能有一点点精神洁癖，所以始终认为爱情绝不是“谁都可以”。如果这一生有幸可以遇到那个“穿越人海，奔赴而来”的人，很好，我会牢牢地抓住他；如果没有这份幸运，那也没有关系，我可以很好地照顾自己。总之，有了他，我的生活会更丰富多彩，但是没有他，我的人生也要精彩！

我并不赞同“到了一定的年纪就一定要结婚”这句话，从来没有谁规定到了多少岁就应该结婚，如果要结婚，只能是你遇到了那个“应该结婚的人”。

我对结婚这件事的看法就是不要恨嫁，不要焦虑，如果能够遇到那个可以与你组建家庭的人，就勇敢地牵手走下去；如果没有遇到，也不要在家庭和社会的压力下草率选择，毕竟是要和你一起度过余生几十年岁月的人，谁都无权干涉你的选择。日子是自己过的，千万不要将就凑合。

前段时间民政局的视频滚动屏上的一段话被广大网友刷屏：结婚不等于幸福，单身也不意味着不幸福，我们出生就是一个人，最后也不可能同时离去，爱情是精神的奢侈品，没有也行。

当今社会女性意识越来越强，结婚生子已经不是女性的首要选择。之前向往恋爱结婚，是需要一个支柱，希望有人能为自己遮风挡雨。但现在越来越多的女性不仅上得厅堂下得厨房，还貌美如花又能赚钱养家，这样的情况下，恋爱结婚生子反而成了自在生活的牵绊。既然如此，为什么要找个人来硌硬自己？

“有情饮水饱”的话在当下已行不通，再缺爱也不要把恋爱对象当作人生的救赎者，能救你的只有你自己。现实生活中没有那么多王子与灰姑娘的故事，童话里都是骗人的，我们大多数人都只能做自己的骑士。

所以，我的生活从来不是没你不行，只是有了你更好而已。

有心者不用教，无心者教不会

“你教教他，慢慢地总会好的。”

“我已经没有时间和精力再去陪一个男孩儿长大了。”

·爱情只与对的人有关·

姐弟恋一直是爱情中的热议话题。我觉得姐弟恋没有绝对的好坏之分，有很多姐弟恋修成正果并生活幸福的事例，也有很多相恋多年却无疾而终的事实。我一直认为，爱情与年龄无关，只要他们没有违反法律、人伦、道德，我们就没有理由指指点点甚至干涉。

很多人觉得姐弟恋不靠谱，是觉得男方的心理年龄一般比同年纪的女方小，在恋爱中男方的行事作风会不成熟甚至略幼稚，或者说不懂应该怎样谈恋爱，这就需要女方花很长时间等待甚至陪伴这个男生长大，但是等他“出师”了，两人之间却未必有女方想要的结果。人的一生，尤其是女性，又有多少个这样的时间去教会一个人爱，等待一个人成熟呢？

三毛曾说过：“如果一段感情要沦落到女人去教男人怎么做，怎样爱她，她才会有安全感；怎样哄她，她才会开心，那这段感情注定是失败。”

我只想说，陷入爱情的双方，在很多事情上都能无师自通。不要总用学不会、不开窍当借口，有心的人不用教，无心的人教也教不会。在现实里，有心的人能发现很多容易被人忽略的细节，他们会照顾你的感受，让你拥有被重视的感觉；无心的人，即使你将正确答案放在他们眼前，他们也装作不懂。其实，他不是不懂，只是不想懂。

大家都是第一次谈恋爱，还不都是摸着石头过河，慢慢摸索。所以恋爱不必有人教，依靠本能，走着走着、谈着谈着就会了。

想要驾驭爱情，可能还真需要一点儿天赋，但大部分还是要靠后天的融会贯通。还是那句话，不要用不开窍当你没有用心的借口，遇到了那个对的人，你本身就能无师自通。

·别把爱情当成一门学科·

法国作家雨果在《笑面人》一书中曾说："爱情离开了幻想，好像人没有粮食一样。爱情需要热情的培养，不管是生理上的爱情也好，精神上的爱情也好。"我理解这句话，是说爱情是精神层面的东西，脱离了幻想，便不能感受到爱情最美好的样子。说得再通俗一些：无论从生理上说还是精神上说，爱情都是不可控的。

现在有很多爱情专家都开始开班授课，可是我想说，爱情从来不是一门学科，它没有详细的理论基础，能分门别类说出个一二三四。当你遇到了那个人，自然一瞬心动，一念生情。用特俗的那句话来说，看到他的一瞬间，你连孩子的名字都想好了。有了这份用心，即使后边遇到困难、阻碍，你们也会一起商量、一起努力解决。爱情本身就能让人成长，从少年青葱到成熟稳重，又何须别人来教呢？而对于那些"装睡"的人，你就算请专家天天一对一教学，他也会懂了装不懂，只是不想懂而已。

曾经看过一段常态化姐弟恋，女方多次隐晦地表达想要和男方结婚的意思，男方却每次都以打哈哈的形式敷衍过去，要么就笨拙地转移话题，女方以为是对方没有理解她的意思，还在一遍遍不厌其烦地明示暗示。

直到分手的时候，男方无所顾忌地冲她吼："不就是你想结婚我没答应吗？因为这个你就要跟我分手？"女生一瞬默然，原来从始至终他不是不懂，只是不愿意懂罢了。分开的原因也很简单，他改不了，你忍不了，未来还长，实在难熬，仅此而已。

所以姑娘们哪，不要总觉得对方是爱情小白，是需要你教才能会的巨婴，他如果足够爱你，真的想过和你有未来，徐志摩在他面前都得甘拜下风。他如果没有想过和你一直走下去，就是福尔摩斯的智商分给他，他都会说自己一窍不通。

爱你的人只怕给你的不够多，不爱你的人只会嫌你要得太多。真正爱你的不用教，不爱你的永远也教不会。

有人选择歇斯底里，有人选择沉默不语

确定对方不会离开，这是安全感；确定自己不会离开，这是归属感；双方都确定对方不会离开，这是幸福感。

·与其歇斯底里，不如沉默不语·

有人说，相爱的人共处的空间一定是热闹的，嬉闹也好，欢笑也好，争吵也好，一定是有声音的。而一段恋情走到尽头的时候，场面一定是沉默的、无声的，像一幕幕无声的黑白电影，失去色彩，失去声音，失去沟通交流的热情。

有一个朋友，每次和她的男友吵架必定歇斯底里，闹得人仰马翻、鸡犬不宁，那几天她的所有朋友无一例外会收到她对男朋友的各种嫌弃和吐槽，大有要把分手这件事昭告天下之意。但是每次不到一个星期，两个人又如胶似漆地一起逛超市、回家、做饭了，甚至还会特别有仪式感地宣告吵架结束，请所有朋友一起吃饭。作为朋友的我们曾经开玩笑地说："你们这架吵得真是又费耳朵又费钱。"

一段时间不见，我约她出来逛街，她却发消息说已经离开了这座城市。我很震惊，因为她最近确实没有任何消息，离开得悄无声息，甚至连我们这群朋友都没有通知，这可一点儿都不像她平时与男友吵架分手的架势。

后来她告诉我，真正提出分手的那天晚上，她无比平静，早就已经厌倦了无休无止地争吵，厌倦了他每次的据理力争，厌倦了每次吵架后，无论对错都是她主动低头的场景。于是男方还在客厅里喋喋不休地"讲道理"时，她则转身平静地走进卧室开始收拾行李，第二天一早悄悄离开，再也没想过回头。

这次，她没有和我们提起关于他们吵架、分手的原因，她只是平淡地说："都是一地鸡毛，没有具体的为什么，只是那天晚上我们再一次发生争吵时，我突然就觉得累了，再提不起精神吵了，只想赶紧结束这一切。以前觉得吵得再凶都不会分开，现在无话可说反而能平静离开，真是讽刺。"

还愿意声嘶力竭地争吵，说明你们还是很在乎对方，愿意为对方花费时间与精力。但如果有一方开始变得沉默不语，无论你怎样争吵甚至谩骂，对方都无动于衷时，那就意味着这段感情可能真的走到了终点。

所以，如果一段感情从歇斯底里变成沉默不语时，就痛痛快快地分手吧，不要逞什么口舌之快，毕竟一起走过一程，开始时高高兴兴地拥抱，那结束时也体体面面地离开吧。

·争吵是感情中避不开的话题·

不得不承认，争吵是每对情侣都避不开的话题，没办法提前预防，更没有好的后续处理建议。对于许多人来说，也许只有把架吵明白了，恋爱才能谈明白。其实，吵架也是一件需要技巧的事，哪怕在气头上，哪怕再想摔门而出，你也要想清楚，你舍不舍得离开，你们还有没有继续下去的可能。如果答案是肯定的，有些事千万不能做，有些话千万不能说，做不到“良言三冬暖”，也不要“恶语六月寒”。

我并不提倡用吵架的方式进行交流，但也知道这在恋爱中不可避免。不过，有时候这种方式确实能让双方发泄一下积攒的情绪。不是每个人都有同理心，也不是每个人都能理智地换位思考，争吵既然不可避免，不如就适当释放。所以，既然要吵，就尽量不要白吵。

情侣吵架，只要不涉及原则问题，不过都是一些鸡毛蒜皮的小矛盾。恋爱中大多数问题都没有绝对对错，抛开不理智的胡搅蛮缠，就事论事，很多事你退一步、我让一下都能轻松掀过。双方如果能多一些忍让、体谅和包容，不仅能让问题得到很好的解决，关系也会更近一步。毕竟，在一段恋爱关系中，你喜欢上这个人可能是因为他的优点，但是能包容他的缺点才是真的爱他。

另外有一点还需切记，争吵后不要总是同一个人主动低头，也不要认为低头认错的一方就真的错了。爱情是相互的，是需要双方共同经营的。如果只有一方在承载错误，那总有超负荷的一天。

总是低头，总是看不到你的迁就，对方也会开始对感情失去信心。一段好的感情，身处其中的时候，双方是不会去计较很多事情的输赢和对错的，虽然每个人看待问题的角度不同，也会有不同的出发点和结论，但最重要的还是学会怎样更融洽地相处，怎样让双方的感情更进一步。

还有一种无效争吵则需要引以为戒。这类争吵，在问题出现的时候，双方一般都会把问题全归咎于对方，目的不是解决问题，或者本来目的是解决问题，不过中途跑偏了，非要争个输赢对错。轻则觉得对方不讲道理，重则产生厌倦甚至是瞬时厌恶的心理，结果就是两人之间产生嫌隙。

其实，开始产生这样的想法的时候，就说明两人之间的感情已经不是那么牢固了。随着争吵次数的增加，你们之间的嫌隙只会慢慢扩大，直到全面爆发。这样的争吵除了慢慢消耗原有的感情，唯一的意义就是证明你们真的不太合适。

所以，既然吵架不可避免，那就做个聪明人，把争吵变成一种有效的沟通方式。该出手时就出手，该放手时就放手。相信我，姑娘，放手后，你也许能走得更远！

他不会因为你委曲求全就加倍珍惜

"我可以为了你改变，你能不能继续喜欢我？"

"不爱了，你再怎么改变也无济于事。"

·拖延是比出轨还深重的恶意·

我觉得在感情里面最大的恶意不是出轨，而是拖延，就是明明不喜欢了，但是也不想轻易分手。我猜想这些拖着别人的人可能都有这种心态：分手可以，但自己不能主动提分手，不然别人会觉得自己是这段感情里的坏人。

但我不明白的是——这里呼叫那个被拖着的人："他不爱你的样子你难道看不出来吗？你装聋作哑地继续这段没有意义的关系有意义吗？还是你觉得有机会让他重新爱上你？"

别幼稚了，只要你还在他身边一天，你们的爱意就只会多消耗一点儿，直至成了最熟悉的陌生人。

小南和阿文刚结束一段五年的恋爱长跑。在我的印象里，小南本是一个脾气火暴的女生，但独独为阿文收敛了大部分锐气，尽可能变成对方喜欢的温柔小意的样子。不过她也是一个原则性很强的人，大部分问题都可以妥协、包容，但有些触底问题她也不会纵容，比如出轨。当时因为这个原因，我曾私下打趣小南："你这么爱他，万一有天他真的犯了不可原谅的错，你可别深陷泥淖不可自拔啊。"

之所以开这种玩笑，我藏有一份私心。我不能说旁观者清，但我一直觉得阿文没有小南爱他那么爱对方，看着小南那么努力地迎合阿文的喜好，我很担心。小南锋芒已敛，对感情的掌控会变得很难，我怕她到时候陷入两难，迷失自己。

没想到一语成谶，阿文终究没有躲过诱惑，还是出轨了。但是可恶的是，他不肯主动提分手，一直在等着小南先开口。

我以为以小南眼里不揉沙子的性格，阿文做出这种事，她总不会傻到选择原谅，还要继续走下去吧？万万没想到，曾经意气风发、脾气暴烈的小南，竟然真的主动选择原谅，为了留住他，几乎有求必应，甚至放弃了自己一直坚持的原则，只是因为还爱。

我直觉即使原谅，两人也不会走得太远。果然，建立在一次退让之上的感情，只会出现第二次、第三次……第无数次妥协，直至一方彻底退出。而这个人，是小南。

我再次见到小南的时候，感觉她从身体到精神上都轻飘飘的。她红着眼眶，嘴唇微颤："我还是留不住他。我以为我的妥协和包容能让他回头，但我低估了他的狠心，高估了自己的决心。怪我心存侥幸，以为拖着总能尘埃落定。可是现在的我，已经不知道怎么找回之前的我了。"早已经预料到的结果，却没有办法阻止其发生，我确实有些灰心。

人是一种矛盾的动物，信手拈来的东西往往不会珍惜，期待已久的事物才会倍感珍惜。爱一个人没有错，为爱付出也没有错，感情不是能轻易掌控的东西，你想及时止损，但心不答应。所以，在感情中要学会干脆，千万不要画地为牢。

·好好爱自己，才是美好爱情的开始·

恋爱谈久了，许多女生都慢慢忘了一点：想要得到对方的偏爱，首先要有值得被偏爱的价值。生活中常会碰到一些女生，她们不愿意承认男朋友本身存在的一些问题，盲目地否定这些问题来维护男朋友的尊严。我能理解，但不赞同。

在我看来，这些想法和行为过于“恋爱脑”。更奇怪的是，通常这些女生的恋爱对象，在感情中对女生都不是那么用心，从这些男生的一举一动中，你看不到他们对伴侣的真心喜欢。

我不能确定女生是真的没有察觉对方的不在意，还是自欺欺人装作没有察觉。如果是前者，我有些惋惜；如果是后者，我只剩同情和怒其不争的无力。你这样做能换来什么呢？他的在意？他的珍惜？都不会，男人不会因为你的委曲求全而尊重你，他只会变本加厉地看轻你。不要奢望一个男人会因为你的委曲求全做出改变，他的父母都没做到的事你凭什么觉得自己能做到？

身为女性，千万不要在一段感情里过分放低自己，你在原则上退了第一步，就会有第二步、第三步，你以为是在感动他、包容他，其实是在纵容他、放任他，他并不会因此感到愧疚或幡然醒悟。

如果一段感情已经需要你放弃自己的尊严去维护，那这段感情必然已经漏洞百出，对方不会因为你的委曲求全就倍感珍惜，他只会觉得你越来越廉价而已。

女生们一定要记住，一段好的感情只会让你变得越来越好，会让你感到被爱、被需要、被呵护，而不是无休止地牺牲自己。追求爱情本身没有错，但没有一种爱值得我们委屈自己。你的委屈和牺牲并不是爱，而是在变相地索取他人的爱。

想要拥有真正的爱情，你要先有爱自己的能力，学会尊重自己，尊重自己的感受，尊重自己的劳动成果，尊重自己的价值。你要让自己变得很“贵”，并由内而外散发出一种“你不珍惜我，我就会走”的气质，而不是“你越是忽视我，我就越是要想方设法地让你在意我”的矫情。

男人从不会珍惜上赶着对他们好的女人，真正能吸引他们的，永远是你内在的价值。

爱你的人生怕给得不够，不爱的人总嫌你要求太多

“我男朋友家里条件不好，他觉得彩礼可以缓缓，我觉得也没关系。”

“你可以不要，但他不能直接说不给。”

·我看重的是彩礼吗？·

结婚开始提上日程，最常被拎出来讨论的话题就是彩礼。以我为例，如果我的男朋友家里条件不是很好，我会考虑不要彩礼，但是，这个条件达成得有个先后顺序，是你要给我，我不要，而不是你说“可不可以不给”。因为我看重的不是彩礼本身，而是你对我、对这段婚姻的态度和诚意。

很多父母并不是真的贪图男生的彩礼，而是想看看自己的女儿在男生心里价值几何，想知道对方有没有为了自己女儿去拼一把的勇气。男生的责任和担当，就是体现在愿意为他们的女儿负担一生，哪怕他现在没有那么多钱，也会尽全力去筹集这笔彩礼做保障，这是他的心意，也是诚意。经济条件不好不是理由，“现在借钱凑够彩礼，婚后两人也要一起还债”也不是借口，反而他这些博取同情、讨价还价的手段，不仅会让女方的父母寒心，也会让女孩儿觉得你对两人的婚姻并没有那么坚定和渴求。

再退一步说，女方因为爱你，理解你的做法，体谅你现在经济条件没有那么好，也会劝服自己不要介意，但这不是你退缩逃避的理由。婚前你的态度都这样敷衍，婚后无论因为什么起争执、摩擦，旧账总有翻到“彩礼篇”的时候。

所以，彩礼有时候是一颗深埋的雷，随时都有爆炸的可能。但它更多的时候是一种象征，代表女方在男方这边的地位，代表女孩儿在男孩儿心里的位置。

现在彩礼问题在很多网络平台上都掀起了舆论风暴，讨论的中心点无非两方面，一是结婚的时候女方应不应该要彩礼，二是彩礼要多少才比较合适。

我的观点是，彩礼必须得要，女方有放弃的权利，但男方没有不给的权利。这份彩礼不单单是金钱，它更是男方和他的家庭对于女方和她的家庭的承诺。

但是彩礼要多少就可以具体问题具体分析了。如果男方条件允许，那自然皆大欢喜；如果男方条件确实不允许，双方协商后可以量力而行。可以少，但必须有。

· 虽然我不能给你全世界，但我可以给你我的全世界 ·

我并不认为女生要彩礼是一件物质的事情。

现在很多家庭都是独生子女，而且家庭条件都不差，两个人既然决定了要在一起组建一个家庭，就不可能只是一个家庭的单方面付出。这份彩礼表面上是男方家里出钱给女方的保障，但是最后这个钱一般都是给两个人婚后的小家庭当作保障的。而且现在买房、买车不也都是双方家庭一起出钱吗？买房子还的房贷不也是双方共同承担吗？既然如此，又何必说彩礼是“封建旧俗”？

如果你真的爱她，又何必在这件事上斤斤计较呢？

同事糖糖身边有一对即将步入婚姻的爱侣，男方在结婚前就和女方保证得明明白白，结婚时彩礼按照本地习俗一分不少，婚后两人自己单住，过年轮流去彼此的家里过年，并且生孩子这件事由两人自己决定，不受双方父母干涉。

这个男孩儿把他所能想到的婚后关于两人生活的点点滴滴都白纸黑字写了下来，交给女方和她的父母，女孩子非常感动，问他怎么会想得这么周到。男孩子说："你的父母把你捧在手心里宠了这么多年，我生怕你到我家来会受委屈。"这句话让多少女生羡慕加泪目？

虽然我不能给你全世界，但我可以给你我的全世界。爱你的人生怕给得不够，不爱的人总嫌你要求太多。

爱你的人不用你督促，他恨不得把全世界最好的都捧到你的面前来。不爱你的人，你多说一句话他都嫌啰唆。

所以女生在决定结婚之前一定要慎重再慎重，所谓终身大事，也是终生大事，不是头脑一热就可以拍板决定的事。婚前你要顾及的只是对方，但婚后，他的家庭、他的家人你都要纳入考虑范围。

恋爱时可以花前月下，结婚后大部分生活都是柴米油盐酱醋茶。不要觉得感情谈钱就世俗，很少看到哪对“贫贱夫妻”能无所顾忌地当“神仙眷侣”。

现实生活就要回归现实，不要对生活讳疾忌医。有了充足的经济基础，你们才能在婚姻路上少一些艰难和阻碍，多一些容易和轻松，这条路才能走得更久更稳固，否则生活的重担都足以拖垮你对婚姻的美好幻想。

所以啊，婚姻谈钱不是物质，是实在，是未来你们的小家得以乘风破浪、一往无前的最重要的基础。

一张爱你的嘴，一百个不爱你的细节

如果一个男人说爱你，等他真正懂得细心照顾你了再相信；如果他说带你去旅行，等他订好机票、做好攻略再开心；如果他说要娶你，等他买好戒指求婚再感动。

· 不要做语言上的巨人、行动上的矮子 ·

有句话说：“男人的嘴，骗人的鬼。”可能这样说对男性不太公平，但确实属于大概率实话。许多情况下，男人的甜言蜜语是这个世界上最不可信的东西，他在喜欢你的时候爱语信口拈来，行动无师自通；不喜欢了，和你说话都嫌费劲。这是一直以来男性作为主导的爱情常态，是男性的优越之根，女性的卑微之源。

客观地讲，女性之所以对男性失望值颇高，是因为男性给女性画饼充饥、让她们望梅止渴的事例太多，当男生对女生说“你负责貌美如花，我负责赚钱养家”，实际上可能希望女生“上得厅堂下得厨房，买得起车房打得了流氓”。

人总是容易活在梦中，尤其是陷入恋爱的女生，那些甜言蜜语男人敢说，女人敢信。可嘴上的万千承诺永远抵不过亲自端的一杯水、做的一顿饭。成年人的爱不会轻易再挂在嘴边，真的爱我，看你表现。

朋友阿语恋爱的时候总是私下和我吐槽男朋友阿亮的粗心，但中途又转而说起他的体贴，最后总结：“他对我真的很好。”看着她每次都满脸甜蜜的神情，我有些不忍心戳穿她。因为从她的多次诉说中，我觉得阿亮只是很会花言巧语地哄她，并没有多少实际行动让人觉得他爱她。终于在又一次她“秀恩爱”的时候，我忍不住向她提了几个问题：

“你男朋友在节日的时候会送你礼物吗？”

“会啊，他仪式感还是挺重的，就是偶尔会忘记。”

“你上下班或出门的时候他经常接送你吗？”

“开始的时候是，后来我怕他太累，就不让接送了。”

“你们平常吃饭都是谁付钱？”

“一般都是我，他还有父母要养，经济上紧张的时候比较多嘛。”

“那天咱们一起吃饭的时候，我看他点了好多辣菜，不辣的只有两道菜。他知不知道你不能吃辣？”

“知道是知道，就是总是忘记，不过两道菜我也够吃了。”

“你生理期难受的时候，他都会干些什么？”

“呃，要我多喝热水……”

“他肯定看到过你喝姜糖水吧，有没有主动给你冲过一杯？”

“……没有，但是男人都不会太注意这些小事吧？”

“那他知不知道你来月经的日子？”

“……”

“你看，你常说他粗心，可是每月循环发生的事，就是动物也早练出条件反射了，但他依然不清楚。你说他体贴，可是你难受的时候，他都不会端杯水照顾你，只有口头上的‘多喝热水’。我是不太清楚你说他对你好到底好在哪里，从你的话里，我只听到了他的许诺，但实际的行动却没有几次。”

阿语听了我说的话，先是愣住了，然后习惯性地为阿亮辩解：“他也不是不知道，只不过他是男人，对女生的一些私密的事……”也许是我看着她的眼神有些怜悯，也许是她自己也感觉有些说不过去，所以她的说话声慢慢弱了下去。

我不愿去想他们最后会怎样，在旁观者眼中，阿亮明明就是想心安理得地享受阿语对他的细致照顾，不能说没有喜欢，但确实没有多喜欢，毕竟动动嘴皮就能被洗脑的阿语确实比其他精明的女孩儿好糊弄。正是从他们身上，我深刻地理解了什么叫“长了一张爱你的嘴，却有着一百个不爱你的细节”。

·爱情里的细节最动人·

社会阅历越来越丰富，见识的人越来越多之后，我反而更加欣赏那些多做少说的人。他们可能不善言辞，但实际行动从来不会缺席。他可能会默默记下你的生理期，在日子快到的时候叮嘱你不要吃冷受凉。他会记下你的口味喜好，出门吃饭的时候不忘尽量迁就。在你穿着高跟鞋出门的时候，他会提前备好一双平底鞋，随时准备在你脚疼的时候给你换上……

年纪越长，我越觉得这样的人才是真正有魅力、可以依靠的人。他可能永远学不会嘴上讨巧，但是他会把你所有的细节都刻进他的生活中，把爱你、照顾你变成本能。细节决定成败，恋爱也是如此。

在平常生活中，真正能打动人的从来不是你说了多少好听的话，而是在每一个细节中你能给我多少安心的能量，让我可以感受到你的爱意。虽然都是些细枝末节的事情，却也是最能体现爱意的地方。

我从不相信一个每天说着爱你的人，却连你喜欢吃什么、不能吃什么都记不住，就像我不相信一个出门连橡皮筋都给你准备好的人心里会没有你，前者只能说明他真的不爱你，后者说明他真的在乎你。爱一个人的时候，要用眼睛、用心去看、去分辨他做了什么，而不是光听他说了什么。

真正的爱，不是藏在甜言蜜语里，而是藏在平凡的一天里的每个细节里。点点细节堆积起来的生活，才是爱情真正的样子。

爱应该是宠爱，是偏爱，是首选，是例外

爱情里没有一视同仁，我想要的是你的例外和偏爱。

·我需要的是你世界里的绿色通道·

问："女生在爱情中最需要的是什么？"

回答五花八门，有说需要陪伴的，有说需要仪式感的，有说需要安全感的，还有说需要金钱的，但更多的人的答案是"偏爱"。

"一视同仁"在爱情中是致命的存在。赫尔曼·黑塞在《堤契诺之歌》中写下："如果有一天，我明白了什么是爱情，那一定是因为你。我喜欢你，眼睛像你不行，声音像你不行，不是你就是不行。我只知道，我历经波折燃尽悲欢。不管下一刻

是撞上冰山，还是跌入深渊。好不容易才遇到的你，我一定会抓紧你。”这段话精准地道出了爱的内涵：非你不可，只能是你。

我身边有个男性朋友，从来不发他和女朋友的日常，微信也没有把女朋友置顶，在他的世界里，兄弟都比女朋友享有的特权多，比如和女朋友的约会会因为兄弟的篮球邀约而随意取消。

对于这样的男生，我在刚刚了解他时便疏远了。我感觉这样的人，要么根本不知道“男女朋友”和“男性朋友、女性朋友”的区别，要么对女朋友不太在乎甚至就是不在乎。

你之所以会选择和一个人开始一段恋爱，就是因为这个人在你的世界里具有特殊性。爱情是始终如一也是始终唯一的。真正爱一个人，应该在自己的世界里永远为她保留绿色通道，在一些无伤大雅的事情上，她应该是你的唯一选择。不要觉得这是女生矫情，她只是希望当你世界里的偏爱和例外。

在一个饭局上，我有幸见证了什么才是真正的偏爱。

那天的饭局人很多，大家吵吵嚷嚷闹得很开，多响亮的手机铃声都能被掩盖下去。隔座的男生喝得有点儿微醺上头，于是他闭上眼睛休息了一会儿，然后打开手机，密密麻麻的微信消息和未接电话接连显示，有老板的、同事的、朋友的、父母的、丈母娘的、老婆的。

只见他做了两个深呼吸，看得出在调整情绪，等感觉清醒点儿以后，他解锁屏幕，首先给老婆回了电话，告诉她不用担心，这边的饭局马上就要结束了，自己会叫个代驾回家，让她先睡，不要等自己。接着给丈母娘回了电话，再接着是自己的父母，最后才去处理了工作上的事。

那一刻我突然被这种小细节打动。

什么是爱情呢？大概就是这个男生回消息的顺序中透出的他对她的宠溺和偏爱。无论何时，我都会第一时间回复你的消息，第一时间给你打电话，因为在我的世界里，你是例外，我永远区别对待。

·在我这里，你永远拥有优先权·

我曾经看过一个采访，记者问男生：“如果你的工作日程已经安排好，但是你的女朋友又让你去陪她，你怎么办？”

男生回答说："如果她那边遇到了很紧急的事需要我，那我一定会抛下一切去她身边。如果她是想要我的陪伴，那我会用最快的速度处理好手头的工作，然后飞到她身边，把我所能拥有的空闲时间都给她。我不能抛下工作，因为这是我对我们未来的承诺，但在完成了这些以后，她是我的世界里的第一顺位选择。"

男孩的话很通透，也很实在。世界上最让人底气十足的，不是尊重与平等，而是被偏爱。很多男生都不明白，其实女生只是不想做那个和别人都一样的存在，她们最希望的无非是被对方需要，被坚定地选择！没有女生想成为男朋友"最后的选择"或"不得已的选择"，如果你爱我，那我必须是你的首选；如果我不是，那我们的感情也没什么存在的意义了。

姑娘啊，去找一个愿意把你列到日常清单第一位的人吧，去找一个总是愿意秒回你消息的人吧，去找一个在他的世界里你永远是例外的人吧，希望你能成为他的偏爱、首选和例外。

比寻找温暖更重要的
是让自己成为一盏灯火

CHAPTER 05

爱自己，是终身浪漫的开始

你若盛开，清风自来。任何时候你都是自己的宇宙中心，即使没有人愿意成为守护你的卫星，也不要轻易暗淡自己的光芒。

愿你成为自己的太阳，无须凭借谁的光芒

为什么我们总被要求做一个被别人喜欢的姑娘，而不是做一个被自己喜欢的姑娘？

·循着光照的方向，不畏寂寞成行·

你追星吗？现在越来越多的年轻人加入“追星一族”，尤其是女孩儿，已经形成相当的规模。我不反对追星，但我提倡理智追星。我可以理解部分追星女孩儿的想法：那颗“星”是她们心中的“太阳”，令人满怀向往。

与其说追星，不如说追的是一种理想、一种信仰、一种她们现在到达不了的高度。之所以追求，是因为憧憬，想循着光照的方向，努力让自己变成更优秀的人。现实中有些人追着追

着，不就把自己追成了别人的“太阳”，从而光芒万丈吗？

我们想和一个人确立恋爱关系，是因为发现了对方的美好，心生向往；和一个人开始一段恋情，是为了追逐美好，创造幸福。在这个过程中，只有双方在感情中共同变得更好、更优秀，才能让这份美好、幸福持续下去。

但有些人却因为陷入爱情把自己变成了“树袋熊”，把所有的喜怒哀乐都牵系在对方身上，渐渐失去自我，忘记了爱的初衷。所以，如果爱情只能让你迷失自己，那就别怪对方离开。

电影《从你的全世界路过》中有这样一段情景，“猪头”在“燕子”乘坐的出租车后面边追边疯狂哭喊：“没有你我可怎么活下去啊？！”这句话让人听了莫名心酸，但如果你知道了前因后果，只会哀其不幸，怒其不争。“猪头”从大学时期就喜欢“燕子”，两人在一起后，他更是整天围着“燕子”打转，让她变成自己生活里唯一的光。他做饭是为了给她吃，挣钱是为了给她花，无条件支持她的一切决定，默默地站在身后守护她多年。他把所有的感情和期待都放在了“燕子”身上，却忘记给自己留一个位置。最终“燕子”转身离开时，“猪头”

只能崩溃地痛哭、歇斯底里地挽留。

“燕子”离开是因为她一直知道自己想要的是什么。“猪头”的痛，是因为这么多年以“燕子”为中心的生活，早已让他失去了自我，无法面对以后没有“燕子”的生活。“燕子”一直在向前奔跑，可“猪头”却还在匍匐前行，这样的差距注定两人只会渐行渐远，不仅仅是现实生活上的，更是思想层面上的，这样的关系，怎么能长久？

现实中很多人恋爱时都会陷入这种误区，或者一味付出、不求回报，或者把对方看作生命中唯一的光，等待救赎。但是我要告诉你，这不是爱情，这是一厢情愿；这样的关系并不美好，甚至有点儿病态。

爱一个人，一心付出、不求回报并没有错，但是，爱情的本质是一场相互吸引。爱一个人最好的方式，不是什么都不要，放下一切来对他好，而是要在不断地成长中提升自己。你只有自己变得越来越好，才能吸引对方越来越爱你。这样的爱情，两个人才能走得更加长久。

·你若盛开，清风自来·

在我们还不够出色的时候，我们总是无比渴望去靠近光。我们常常会花很多时间去讨好他人，却唯独忘了自己。大家都想靠近光，可是靠近了又怎样，只能让你更加羡慕，但永远无法拥有。与其费尽心思追着光跑得气喘吁吁，倒不如用心经营出一个更好的自己，让自己成为那束光。

所有的爱都不是无缘无故的，正如一个闪闪发光的人绝不会随便喜欢上一个没有任何可取之处的人。一个优秀的人喜欢一个人，一定是对方有过人之处，白马王子爱上灰姑娘只存在于童话故事里。

爱情最好的样子，绝不是一个人在努力前进，另一个人却在原地踏步甚至后退，而是两人共同进步，相互帮助，相互鼓励，一起成为更优秀的人。所以，想要吸引更好、更优秀的人，你首先要让自己变得更好、更优秀，这样在未来才有更多的机会遇见美好。

很少有人拥有一帆风顺的人生，所以在羡慕别人的成功的时候，先要正确地审视自己，衡量一下自己有多高的能力，问一下自己付出了多少去提升自己，或者找一下自己值得被爱的理由，不要总像井底之蛙一样嫉妒飞鸟的自由。

你若盛开，清风自来。任何时候你都是自己的宇宙中心，即使没有人愿意成为守护你的卫星，也不要轻易暗淡自己的光芒。

重要的是你，而不是一个怎样的你，你无须凭借任何人的力量就可以做得很好，无须凭借任何人的光芒也可以变得优秀。所以，不要总将目光投到别人身上，你自己比任何人都值得被美好眷顾。努力成为自己的太阳吧，当你不断进步、成长的时候，一定会在某一时刻遇到那个和你同样优秀的人。

就算全世界都不喜欢你，你也是唯一的你

“我没有好看的皮囊，也没有有趣的灵魂，是不是永远比不过别人？”

“没关系，不用跟别人比，你就是你，世界上独一无二的你。”

·拒绝容貌焦虑，做独一无二的自己·

大众认知里的美是什么样的呢？白、高、瘦？“A4 腰”“筷子腿”“锁骨放硬币”“体重不过百”？

在《听见她说》这部电影里，女主角在浴室中做了这样一段独白：“一定得是巴掌脸吗？一定得是九头身吗？一定得是希腊脚吗？一定得是筷子腿吗？一定得高吗？一定得瘦吗？

一定得白吗？一定得有胸有屁股吗？什么是美？什么是丑？美的标准是什么？是谁定义了这样的标准？这样的标准又是为谁定义的？”这段独白戳中了所有有容貌焦虑的人的内心。

社会上有些人喜欢在现实生活中贩卖容貌焦虑，你应该猜到了，没错，主要就是那些医美商家和整形医院。他们总喜欢把所有人的容貌都往一个模子里面套，然后蛊惑你通过各种方法改进自己的容貌，比如通过化妆品、护肤品进行美化，或者通过医美进行微调修复，或者整容。对于天生爱美的女孩子来说，这些套路每击必中。但只要你开始了“求美”之路，就不会轻易停下来。

我不是说女孩子想要追寻漂亮不对，毕竟爱美之心，人皆有之，谁都希望自己漂漂亮亮地出现在别人面前。但是你知道吗，美是很广义的形容，它不应该由外界定义，世界上有两百多个国家，不同文化下的美，都是独特且不可复制的。

有人说，符合大众审美的漂亮就是美，可是大众的审美也不统一啊，只能说比较符合当时的潮流趋势。古代唐朝的女人就以胖为美，宋朝的女人却以瘦为美；现代印度以胖为美，中国却比较推崇清瘦美。这些例子只能说明当时社会的潮流趋向，并不能确定美丑。

一份对“95 后”整形观念的调研报告显示，当前更多年轻人选择整形，已从工作驱动转变为被单纯渴望变美所驱动，为悦己而容，为了巩固自信，为了在情感层面愉悦自己。

我一直觉得容貌是上天、是父母赐予每个人的礼物，每个人出生时的样子、成长中的变化都是最真实的自己，它是你曾在世上行走、存在的独一无二的标志。别人再好、再漂亮、再优秀，那也不是我们自己。所以，为什么要复制那种千篇一律，而放弃做独一无二的自己？

当然，确实有些人可能需要通过医美或整形来调整容貌缺陷，但那是必要的，与单纯为了美而美不可同日而语。所以，追求美不是错，但是没必要过度追求。我们要相信，每个人每个阶段的美，都是不可复制的，而且每个人眼里的美也各不相同，许多人的气质和气势会让你完全忽略他的容貌。而一个人的气质或气势，主要靠后天“修炼”，关键还是看他的素养和精神内涵。

与其羡慕别人的美，不如修炼自己独一无二的美，做世上独一无二的自己。

·接纳自己，每个人都是万里挑一·

“好看的皮囊千篇一律，有趣的灵魂万里挑一。”这句话曾经在网络上风靡一时，初闻很有道理，再品更有道理。

不可否认，容貌对于一个人——尤其是女孩子——来说，确实是很重要的一部分。长得漂亮确实会给女孩子带来更多的便利，无论是在工作上、爱情上，甚至是生活上，漂亮的人通常都会享有更多优势和机遇。但是后来我发现，外貌真的只能成为一个锦上添花的助力，它绝对不是人生进阶的根基。

生而为人，有些天生的东西我们不能左右，比如七情六欲，比如生老病死。但是怎么活，活成什么样，我们却可以拥有绝对的话语权。既然如此，我们为什么不能忽略容貌，活得与众不同、万里挑一些？

一个人能够成功，自我肯定绝对是最重要的因素之一。这种自我肯定与人生阅历和自身能力有很大关系，而不会是因为容貌问题。举个例子，商界很多大鳄都长相普通，但他们即使穿着拖鞋去谈事情，也没人敢忽视，这是他们的能力给予的底气。现在的社会中，容貌可以通过整容等技术变好，但是气质、气势和能力绝对不可能通过医美或者整形就能“无中生有”。

所以姑娘们，不要为了迎合大众审美的标准，刻意去改变自己天生独特的美，那样你会永远觉得自己身上都是缺点。与其相信先天的容貌可以改变命运，不如相信后天的努力能让你更清晰地认识自己、认可自己。

你来人间一趟，不是为了让容貌困住自己。

试着跳出他人的期待和评判，去努力提升自己、接纳自己、肯定自己吧。衷心希望你能活出独一无二的自己。

我怕我配不上自己所受的苦难

有时候感情就是在一个风和日丽、阳光灿烂的下午，一个人跌跌撞撞地跑、失魂落魄地笑，然后刻骨铭心地痛。

· 自己淋过雨，才想为别人撑伞 ·

多少爱情都是这样——开始：“我会给你幸福。”结局：“祝你幸福。”我觉得，能坦然说出“祝你幸福”几个字的人，希望你们是真的不合适才分开，不然错过的就不只是一段感情，可能是半个人生。毕竟，好聚好散有时候比海枯石烂还要困难。

文文与阿树是在一次联谊中认识的。文文安静内向，阿树热情开朗。但就是性格背道而驰的两个人，却快速地在一起了。说实话，大家不是很看好这段感情。

很快，大家就发现文文与阿树的相处方式特别有意思。阿树爱运动，爱交际，爱热闹，但是他每次运动或者参加活动的时候都会和文文提前商量一下，看她是否有兴趣参加，如果有兴趣，两人就一起参加，之后会多参加类似的运动或活动；如果文文没有兴趣，阿树一般会和她说一下大致什么时候结束，之后类似的运动或者活动，阿树就会相应地减少参加次数。而文文呢，喜欢安静，爱读书，爱看电影，比较文艺，但是她每次看书都会留意其中是否有阿树感兴趣的话题，或者看看是否有阿树感兴趣的新电影上映，她都一一记下来，然后等两人有时间时一起讨论或制订出行计划。

两人就这样在各自的舒适区里又画出一块交叉的领域，既兼顾对方的爱好习惯，又不委屈自己。

我们都惊讶于这种神奇的相处方式，既不是互相迁就也不将就凑合，居然也能将感情维持得这么顺其自然。

最后还是没有忍住好奇心，我偷偷问了两个人关于这个问题的看法。文文抿嘴笑了一下说："其实没你们想的那么玄乎，只不过我以前和与阿树有同样性格的人相处过，那时跌跌撞撞，最后落得一地心伤。而阿树也与和我性格类似的人交往过，一路磕磕绊绊，直至最后分开。我们两个经历过同样的‘苦难’，自然懂得怎样避免。”

原来不是什么缘分使然，只是因为我淋过雨，所以想为你撑把伞。

·我们大都在一条相似的路上，却误以为自己惊世骇俗·

电影《功夫》中有这样一个片段：一个乞丐模样的人对着一个外表普通的孩子说他是百年一见的练武奇才，维护世界和平的任务就交给他了，然后10块钱卖给孩子一本武学经典。孩子很开心地接下了任务，并从此对自己的未来充满憧憬。未知结局的时候，谁没有鄙视过这个疑似骗子的乞丐？谁没有笑话过这个天真得透着傻气的孩子？

少不更事的时候懵懂又单纯，对未来充满想象与信心，感觉整个世界都是暖色调的，明亮而又通透，蓬勃朝气。彼时年少，无知者无畏，因为“无知”，所以对一切都无所畏惧，猖狂得觉得整个世界都是自己的，要与不要只在自己一念之间。哪怕有个人问我想考哪个大学，我都能掷地有声、义正词严地大声告诉他："名牌大学还不是由着我选择！"

海子的诗中说："你来人间一趟，你要看看太阳，和你的心上人，一起走在街上。"

不怕人笑话，我年少时就总觉得自己是被命运眷顾的那个人，觉得自己始终与众不同，以后一定会遇到一个全心全意爱自己的人，过上梦想中的生活，拥有美满幸福的人生。

那个时候就学会了矛盾，渴望有人能懂自己，让自己成为他的偏爱；又不希望有人完全懂自己，因为这样会显得自己"泯然众人矣"。就在这样纠结又晦涩的感觉中慢慢长大，有一天突然发现，我们大多数人都走上了相似的道路，创造了一批批的人生模板，早已与年少时的梦想渐行渐远。

后来，我依然活得偏执，却也明白路都是自己一步一步走出来的，世界不欠我什么，我也不必责怪于它。有时候一个人总把事情看得特别透彻，对什么事都云淡风轻，未必是一件好事。想要活得快乐一点儿，就要学会难得糊涂。所以我特别羡慕那些拥有纯粹的快乐的人，虽然我不是这种人，但我仍然希望能用自己仅剩的一点能量去帮助他人，把我不值一提的经验分享给喜欢我、支持我的人。

最后希望大家每个人都能活得更本色一点儿，更真实一些，反正总会有人喜欢你，有人不喜欢你，但至少你会更喜欢你自己。

没有回音的山谷，不值得纵身一跃

“一段感情是怎么慢慢走散的呢？”

“也没有发生什么惊天动地的大事，大概是你的生活我不了解，我的生活你不参与，然后我们就渐行渐远了。”

·真情实感的小作文信手拈来·

有没有人遭受同样的“折磨”：读书的时候老师让写一篇作文或论文，你觉得像要失去半条命般艰难，为了凑字数，大家“八仙过海，各显神通”，几乎吃奶的力气都用上了，只为了让纸上的字数越来越靠近那个“800”所在的格子。而开始恋爱后，情感小作文随时随地想写就写，洋洋洒洒一大篇，一挥而就，各类文风信手拈来，颇有大家风范。

我感觉许多人毕生的文学细胞都用在写分手小作文上面

了。上学的时候常听老师说写作文要有真情实感，写出来的东西才能打动人，现在看来果真不假。

小时候写文是“不识愁滋味而强说愁”，如今真正在爱情的刀山火海里滚过一圈了，才知道提笔就能写下自己内心最触动的内容是何种感觉，再也没有了那时候写作文的“艰辛”，但是如今的“下笔如有神”却也是生活实打实地教会我们融会贯通。

不知道看到这里的你，手机备忘录里是不是刚好有这样一份小作文，如果有，马上删除吧。姑娘，不得不说，如果他真的看得进去你写的小作文，你们会走到需要写小作文这一步吗？如果他真的愿意去了解你内心的想法，去体会你的感受，去照顾你的情绪，怎么还会有这篇小作文诞生？

正是因为他不想去感受你、体谅你、包容你，你才会有那么多的委屈和不甘，才会有那么多话想要和他倾诉，可是，一个永远没有回音的山谷又哪里值得你纵身一跃呢？

·他不在意你，你的一切挽回就毫无意义·

来，这里举下手，报个数，是谁说着放下，把对方拉黑删除，然后又默默地拿起闺密的手机去翻看对方的动态？是谁看到对方不发朋友圈，一边心想着“他一定是烦着呢吧，是不是后悔了”，一边又惆怅着“他会不会已经不想理我了”？

这里敲黑板，画重点：首先，你要明白，如果他已经决定离开你，从此不给你任何回应，那你无论怎么纠结挣扎，结果都毫无意义。其次，相信我，有一种感情比失恋分开还要让人痛苦，那就是自作多情。

我碰到过的最可笑的结局，就是女生在这边痛苦不堪、死缠烂打，但男生在那边毫不留恋、作壁上观。

这时候你得承认，他决心离开的时候，这段感情再撕扯也只是一场闹剧，你所做的一切在他的眼里就像一个跳梁小丑演戏。

也许话不太好听，但我还是想说，你不要抱有不切实际的幻想，不要再自我安慰、自我感动，他没发动态，也许不是和你一样在难过，很可能在等你自己想通，也有可能在和别人庆祝终于能摆脱这段他认为的令人窒息的感情。

我们终归年轻气盛，总想把什么都牢牢攥紧，尤其是女孩子，多少都有点儿菟丝花的潜质在身上，总觉得年轻的心纯洁又渺小，小到只能装下一个人，小到可以无视世间的喧嚣，满心满眼都只剩那个人。

可现实中的爱情既不是浪漫的言情小说，更不是美丽的童话故事，没有那么多起承转合，没有那么多守望相助、不离不弃。现实中的爱情现实得很，说散也就散了。世界那么大，本来就聚散终有时。

但你一定要相信，随着时间推移，或长或短，你终会明白，很多我们以为这一辈子都忘不了、过不去的事情，总会在风和日丽的某一天，在我们记忆里变得模糊，变得云淡风轻。

心动是真的，心痛也是真的。在感情中受伤你可以哭，可以发泄，但你不应该一再去打扰别人，更不应该无底线地消耗自己。你最终会明白，这一分一厘的得失和你真正想去的远方比起来，实在算不了什么。

人生那么漫长，我们会遇到无数的人、无数的事，不要被眼前的一座山谷困住了脚步，这座山谷既然已经不愿让你停留，那就不如痛快放手，奔赴下一片天空。

爱自己，是终身浪漫的开始

“如果让你给自己最爱的人排序，你的顺序是什么样的？”

“首先是自己，其次是父母，然后是伴侣，最后是孩子。”

·一百块的口红考虑再三，两千块的球鞋立刻下单·

你知道哪种人在感情中最卑微吗？三分爱自己，七分爱别人。

“我爱他爱得没了自己，怎么他还能毫不留恋地转头离开呢？”我听到这个问题的时候，首先涌上来的感觉是悲哀，然后才是气愤。

恋爱的时候，一支不到一百块钱的口红，你纠结好几天，然后转头毫不犹豫地给他买了一双限量版球鞋；自己还用着两三千的安卓手机呢，却毫不心疼地给他买下最新款的苹果。

没错，你是很爱他，也正是因为你在这段感情里竭尽全力，所以在他离开后才那么愤怒，那么不甘心。于是你感叹，人生不值得，爱情不值得，付出多的人永远都是输的一方。但是你有没有想过，这样的恋爱模式本来就是一种不健康的状态。当初你们在一起的时候，他喜欢的那个你，是现在这样畏畏缩缩、失去自我的你吗？

一个连自己都不爱的人，凭什么要求别人爱你？

所以，姑娘们别傻了，投资自己才是最稳妥的理财。只有你自己独立，才能无所畏惧。女孩儿生来可以体弱，但不能性弱。除了为母则刚，生活、工作、恋爱中也要尽量不当菟丝花，即使不能成为女萝草，也要当一株劲草。

我曾经有个朋友，自己还在上大学，平时父母给的生活费省吃俭用，奶茶都不敢随便喝，却每个月花钱坐飞机到男朋友身边去陪他过周末。而且，我注意到从来都是她去找男朋友，她的男朋友从来没有主动到她的城市来看她。

我问她原因，她说男朋友忙，上课忙、学业忙、创业忙，两个人又都是学生，都没什么钱。最重要的是，两个人一起出去玩的时候，基本上都是我的朋友在花钱，男生偶尔大方一次，回来还要 AA 制。我们眼看着女生把钱全花在男生身上，都替她感到不值，但她自己却乐在其中，无法自拔。

有时候，当局者迷，旁观者也不敢清。

从旁观者角度来看，他们这段感情从开始就注定走不到最后，因为他不爱她。如果真爱，怎么舍得让女孩儿劳累奔波又花钱花时间？

如果朋友没有把钱全部花在男朋友身上，而是用来投资自己，去学习一些专业技能或者去发展自己的爱好，那她所得的一定比现在多得多，好得多。可是没有如果，陷入爱情旋涡的她，比起爱自己，显然更爱那个根本不值得的男生。

故事的结尾也非常俗套，意料之中，她和男朋友连大学四年都没有坚持过去。

·爱自己，才是效益最高的投资·

曾经看到过一句话："愿有人免我忧，免我惊，免我四下流离，免我无枝可依。"年少懵懂的时候可能会觉得这句话很浪漫，现在想想，为什么我自己不能成为那个人呢？为什么要把希望寄托在别人身上呢？

作家毕淑敏曾说："等着别人来爱你，不如自己努力爱自己。"深以为然，依靠别人得来的东西往往不会长久。

不遗余力爱别人，就像一次豪赌，概率不定，结果未知。

天下没有稳赢不输的赌局，如果有，那就是把赌注压在自己身上。先打造好自己，你才可能有底气去谈一场明白的恋爱。对于女生来说，有人宠是惊喜，但是自己宠自己是能力，毕竟爱自己才是一生要学的课题。

一个爱自己的人，对自己是诚实且坦率的。说真的，我们没有自己想象中那么差，别人也没有我们想象中那么好。想要好好爱自己，我们首先需要接纳自己的不完美，接受最真实的自己，欣赏自己，肯定自己。正如三毛所说的那样，一个不欣赏自己的人，是难以快乐的。只有当你学会了爱自己，才能得到别人的爱，只有当你学会了真正的爱，才能感受到世界更多的善意和浪漫。

这段时间听了很多情感故事，有关于错过的，有关于失去的，有关于爱而不得的。后来我听到这样一句话：“老天不会委屈任何人，把所有事情都当成好事来看，最后就一定是好事。”

其实很多时候，真的不能以得失论长短。认认真真爱自己，至少你可以决定自己未来生活的样子，这样的投入与收益比率可比投资一个看不到未来的男人要划算多了。

在未来的光阴里，请一定记得爱自己，这是终身浪漫的开始，也是终身受益的开端。

我曾对你心动过，但是赶路要紧

我渴望能见你一面，但请你记得，我不会开口要求要见你。这不是因为骄傲，你知道我在你面前毫无骄傲可言，而是因为，唯有你也想见我的时候，我们见面才有意义。

·从不知道到不想知道·

矫情地说，每个男生心里都有一个“白月光”，每个女孩儿心里都有一颗“朱砂痣”。

我喜欢了一个男生很久，无数次旁敲侧击地告白过，结果都被他以奇奇怪怪的理由转移了话题，委婉地拒绝，我懂，可是就算他拒绝我多次，他也没有主动和我断开联系。他还是天天给我发信息，约我吃饭、看电影，甚至偶尔还会有一些朋友之上的问候。其实我以前也给他找过理由，是不是因为他现在只想搞事业没空谈恋爱？是不是因为他有点儿腼腆不知道怎么回应我？又或者他肯定有什么难言之隐……什么理由都想过，就是没想过他其实根本不喜欢我。

后来我从朋友那里得知，他好像有了女朋友——对，是好像。那一刻我才意识到，他是可以有女朋友的，只不过这个人不是我。

我当时挺心寒，但没有气冲冲地去质问他为什么有女朋友也不告诉我。你以为感情中最酸的感觉是吃醋吗？不，最酸的感觉是没权利吃醋。我很清楚，我根本没有立场去质问他，但是心里的煎熬不甘还是让我发了一条信息给他："我们到底是什么关系？"他还是一如既往地回复我："你又怎么了？"只不过这一次，我看了信息几秒钟后，没有回复，而是直接将他拉黑、删除。

从此之后，我再也没有主动联系过他。后来的后来，有一天他突然给我打电话，让我把他之前落在我这儿的手机壳拿给他。可是我很清楚，一个破手机壳而已，没必要特意打个电话。或许是因为他寂寞了，又或者和女朋友吵架、闹矛盾甚至分手了，我不知道为什么会有这通电话，我也不想知道了。

曾经总是期望与这个人见面的心情和当初那些不甘，现在居然连痕迹都没有留下。

有人问我：“你真的舍得吗？”说实话，我舍不得。但是我更舍不得这样无底限地消耗自己。

有时候我也会问问自己，当时到底喜欢他什么？现在想来我竟说不出个所以然。其实也正常，因为感情确实不可控，这个人可能哪儿都不好，可就是谁也替代不了。还好有现实能给我一巴掌，让我明白成年人不可能靠着执念生活，爱而不得这种事习惯了就像家常便饭一样普通。谁也没有规定你喜欢一个人，对方就非得喜欢你吧。

不得不承认，伤害确实可以让人成长得更快。过去面对他的拒绝，我会难过得一整晚都睡不着。而最后一次联系，我已经可以平静地把这个人从我生活里剔除。那一刻我突然意识到，这个人不爱我不是他的错，但是有了恋人还在消耗我就是他的错了。及时止损是很难，但是多看看自己的狼狈，多想想自己的愚蠢，多听听别人的意见，也能林深见鹿，海蓝见鲸。

·双向奔赴才有意义·

法国著名女作家西蒙·波伏娃在《越洋情书》中对奥尔格伦写道："我渴望能见你一面，但请你记得，我不会开口要求要见你。这不是因为骄傲，你知道我在你面前毫无骄傲可言，而是因为，唯有你也想见我的时候，我们见面才有意义。"是啊，只有双向奔赴的爱情才有价值。

我一直很赞成"什么年纪做什么事情"这个说法，在该拼事业的年纪就全心全意去扎稳根基，去开拓疆土；在该谈恋爱的年纪也不要有太多顾虑，就全心全意去谈一场浪漫的恋爱，不论结果。这才是再美好不过的人生。

不知道你们身边是否发生过这样的事：女孩儿在事业刚刚起步的时候遇到了一个很好的男孩儿，他们先在工作中有了交集，后来成了朋友，再后来两情相悦开始交往。但是那时候女孩儿是花了很多时间和精力才有了更多的工作机会，所以当男孩儿提出要结婚时，女孩儿拒绝了，她还没有做好组建一个家庭的准备。于是他们开始吵架，迅速分手，甚至于老死不相往来。

每每听到这样的故事只觉得唏嘘，只能说两人谁都没有错，只是不适合。女孩儿没有把家庭和恋爱放在她人生的第一位，可是这也无可指摘，对那个时候的她来说，奋力前行确实才是最重要的。她不是不爱他，只是赶路更要紧。

或许世界上最遗憾的事情不是错过，而是彼此相爱却不得不分开，就好像周星驰的电影中常出现的场景：在一无所有的年纪遇到了想要守护一生的人，却又无力留住对方，只好目送着对方渐行渐远，此后天地辽阔，各自珍重。

大步往前走，不要回头看

歌德曾说：“我绝不会再像以前一样，把命运加给我们的一点儿不幸拿来反复咀嚼；我要享受现在，过去的事就让它过去吧。”

·感情中受过的伤都是我们的勋章·

之前听过一段话：“你喜欢一匹马，不要试图去追它，因为你肯定追不上。你应该去种花种草，然后等到草长莺飞的季节，马自然就会回来找你。如果那匹马没有回来，那也没有关系，因为这个时候你有了花，有了草，即使这匹马不来，别的马也一样会来。”

“好马不吃回头草”这句话我能理解，也能理解一些人在分手后暂时忘不了前任的行为，人之常情，但请不要冲动，这个时候不妨给自己一个冷静期，设置一个尝试着去忘记对方的期限。冷静过后，如果依旧放不下，觉得能够包容你们之前解决不了的问题，并且愿意和他一起走下去，再考虑复合也不晚。当然，如果在这段时间里，对方“易主”，那你正好可以彻底死心。

我从来不觉得破镜重圆的感情是美好的。有些人、有些事，遇到了就是遇到了，发生了就是发生了，不可能随意抹去不留痕迹。“破镜”即使能“重圆”，也终究有裂痕存在，只不过大家都学会了妥协退让、无视或者隐藏。

感情中的两人，当初既然能走到分手这一步，就说明你们之间存在沟通、商量都解决不了的问题。在这样的情况下，坦然回到从前的概率能有多大呢？你又说：“那就重新开始。”不失为一种办法，但就像一个人不可能跨入完全相同的一条河两次，个中滋味，只能自己体会。

并不是说情侣分手后就没有复合的机会，或者前任就完全不值得挽回，只是你要想清楚，你到底是害怕孤独不愿单身还是因为真的还爱对方。如果还爱，那就妥善解决矛盾；如果尽力后仍旧无法改变现状，那也不必将就，大胆往前走，前面总有更好的风景等着你。

·不要回头，前面风景独好·

有人说，从一段感情中走出来的最好的方式就是开始一段新的恋情，这句话见仁见智。

有个关系很好的同事，初恋刚开始，最害怕的事情居然是分手那天的来临。姑娘深知初恋能走到最后的概率非常小，总觉得以自己的性格，万一分手，一定会情不自禁地去求复合，而她更清楚，她之所以分手绝对是因为感情有了不能调和的矛盾。于是从一开始她就告诉我们，如果她分手了，我们一定要拉住她，她太了解自己，在不清醒的时候，她是绝对会“吃回头草”的。

这次故事的走向并没有如我们预期，两人和平分手，不是因为初恋的不成熟和幼稚，恰恰相反，他们俩分手是因为成长和熟悉。用她的话来说，情侣是在人生路上的搭档和伙伴，要想长久走下去，两人必须保持同频，但现实中这真的太难了。

两人分手是因为他们都感觉到了彼此的变化和不同，两人已经不能在同一轨道和速度下一齐前进，没有什么大矛盾，但就是不适合再在一起了，于是和平分手。

同事也没有如她自己想象的那样撕心裂肺，反而很冷静也很欣慰，因为他俩都没有在这段感情中选择将就，也没有选择回头，双方都选择了坚定地往前走，各自去成为更好的人，哪怕从此山高路远，不再相遇。

永远都不要为了遇见爱情而刻意为之，爱情应当是你成为更好的人的过程中的赠品，而不是你一味索求的成果。

当你足够自信，再大步流星地奔向配得上你的爱情吧。所以亲爱的姑娘，过去的就放手，千万不要回头，你所期待的更好的爱情，可能早就在前路等着你呢。

一个人挺好，没有失望，没有辜负

人穷尽一生，追求另一个人类共度一生的事，我一直无法理解，或许我自己太有意思了，无须他人陪伴，所以我祝你们在对方身上得到的快乐，与我给自己的一样多。

·恋爱久了，居然会怀念单身·

曾经有个朋友跟我说："你知道吗，我谈过最长的一段恋情是五年，最后分手的理由也很离谱：谈恋爱谈累了，想恢复单身。"原来时间真的可以磨去热情，谈恋爱也会成为一件让人感到疲惫的事情。

曾经看过一个爱情综艺，里面的女嘉宾说："刚在一起的时候，每天幻想着他什么时候和我求婚，现在在一起七年了，每天想着他什么时候会和我说分手。”看来，恋爱也不是谈得越久越好，不只出名要趁早，恋爱也最好趁早，这样才能多一些尝试的机会。

人生是分阶段的，恋爱也是，不可能总处在热恋期。在炽热渐渐趋于平淡的时候，就要准备迎接下一个阶段来临，往往这个阶段也是女生希望感情能更进一步的时候。如果这个时候男生没有下一步举动，那女生的期待必然会转变为一次次的失望，久而久之，女生会觉得与其前路未知地等待，不如尽早分开独自旅行。

即使热恋期、平淡期都能平稳度过，很多人——不分男女——也会一直拖着不肯结婚，一方面是对这段感情还不能彻底确定，另一方面是觉得一旦步入婚姻，就仿佛套上了枷锁，爱情的甜蜜会开始转变为亲情和责任，远不如谈恋爱时轻松，更不如一个人时自在。

其实我一直不赞同爱情最后转变为亲情这一观点，爱情就是爱情，是和亲情、友情同在却不同感的存在。感情是一件万万不能将就的事情，因为你选的那个人会陪伴你往后的岁岁年年，分担你所有的细枝末节，这个人身上一定要有让你觉得和他在一起几十年也不会感到厌烦疲倦的东西，这样的一段感情才可以顺利度过“三年之痛”“七年之痒”等阶段直到人生尽头。

那些经历恋爱长跑的人，一般都很难再谈一场全心全意的恋爱，因为已经很难再把信任和自己交付出去。原谅很容易，但是再次信任，绝对没那么容易。

爱情长跑真的会让人感到疲惫，跑着跑着就可能变味，也许会让你不由自主怀念单身的滋味。就好比你非常认真地写完了一篇 800 字的作文，结果老师跟你说，字迹太潦草了，要重写。就算你当时铆足力气再认真地写一篇，也不会有第一次写时的那种感觉了。

·一个人也可以过得很好·

《生活大爆炸》里的谢尔顿说：“人穷尽一生，追求另一个人类共度一生的事，我一直无法理解，或许我自己太有意思了，无须他人陪伴，所以我祝你们在对方身上得到的快乐，与我给自己的一样多。”我不宣扬不婚主义，但是也绝对尊重单身主义。

现在社会中选择独身的人越来越多，不知从什么时候，网上给孤独也分出了等级，而且有十分具体的十个级别，看看你到了第几级？

第一级：一个人逛超市；第二级：一个人去餐厅；
第三级：一个人喝咖啡；第四级：一个人看电影；
第五级：一个人吃火锅；第六级：一个人去 KTV；
第七级：一个人去看海；第八级：一个人去游乐园；
第九级：一个人搬家；第十级：一个人去做手术。

如今，孤独已经成为越来越多的人的一种生活状态，形成这种现象主要是因为当代人的独立性越来越强，承受孤独已经成为一种生存的能力。

有些人谈恋爱是因为不能忍受单身，害怕孤独，喜欢身边有人陪伴的感觉，所以他们可以并愿意在一段段不确定的感情中流浪。但是我觉得，这样的感情是对自身的一种伤害。

其实，人生最好的状态是，能遇见一人相伴终老最好，如果没有遇到那个人，还不如一个人生活，一个人也可以过得很好。

一个人没有太多的牵挂，可以自由自在地去做想做的事情，不用因为生活里的柴米油盐而吵架，更不用去处理来自几个家庭不同的鸡毛蒜皮。忙的时候专注于自己的事情，在事业中实现自己的人生价值。空闲下来就去结交不同的朋友，融入不同的圈子，发展自己的兴趣爱好。

所以，不要太在意别人的看法，勇敢做自己就好，自己快乐才最重要。你要记得，爱情只是生活的添加剂，就算没有，我们也要凭借自己的能力去好好经营生活，取悦自己。

爱者郁郁寡欢，不爱者逍遥自在

智者不入爱河，饱览美丽山河。

·愚者为情所困，总是自欺欺人·

有些女生谈起恋爱来瞬间变成诈骗高手，不是骗别人，而是骗自己。她觉得对方今天一天没有发信息也没有回复消息，是因为忙得不可开交；她觉得对方不肯发两个人的照片到朋友圈，是因为他比较成熟低调，不喜欢秀恩爱；她觉得即使两人分手了，但是对方还点赞自己的朋友圈，说明他一直都没有放下……

求求了姐妹，九年义务教育教会我们真诚善良，但也教我们不要说谎。如果你在第一次谈恋爱的时候陷入了自欺欺人的模式不可自拔，可以理解，谁还没遇到过所谓的“渣”？谁还没有个昏头冲动的时候？但如果你都一把年纪了还在为爱冲得头破血流，那你的一腔孤勇只能定义为愚蠢盲目了。

爱情中最要不得的就是欺骗，无论是骗对方还是骗自己。

有人说爱情就像一场博弈，先动心的那个人就输了。我觉得这句话只适用于那些一开始就注定会失败的感情。如果双方从开始都抱着认真严肃的态度对待感情，就无所谓谁先动心，真心相爱就是完美。谁先动心，谁付出得多，从来不是衡量一场感情的标准，如果总是在这些地方斤斤计较，只能说明你对感情不够坚定，对自己没有信心。

真正的爱情不是“一二三，木头人”的游戏，所以，谁先动心谁先主动也不会影响这段感情的走向和结果。

很多美好的爱情开始时并不是两情相悦，总要有一方主动打破结界，爱情才有可能修成正果。况且动心这件事也不是个人主观意愿可以控制的，可能你在某个意想不到的场合中突然就遇到了让你心动的人，就算你再怎么自我克制，他还是会不断出现在你的脑海中。与其辗转反侧地描摹，不如坦坦荡荡地追求。喜欢与不喜欢都直接一点儿，即使结果不如意，我们也可以坦然地奔赴下一场。

不错过、不后悔、不纠结，这才是勇敢的真谛。

·智者不入爱河，饱览美丽山河·

有人说："智者不入爱河，愚者自甘堕落。"我觉得这句话的意思并不是说智者真的不谈恋爱，而是他在没有遇见真正心动的人之前，不会随意踏足爱情。

电影《爱玛》里有个场景令我印象深刻，哈丽特问伍德豪斯小姐："你如此天生丽质，为何不结婚呢？"

伍德豪斯回答，自己没有结婚的想法，在情愫未到时，不必改变现状，等到深陷爱河时，想法自然会改变。

哈丽特感觉当个老姑娘很可怕，但伍德豪斯则认为爱情应该顺其自然，只要财富在手，就永远不会成为别人的笑柄。这让我想起东野圭吾说过的话："为自己活着，甚至认为只要有自己就够了，并为此努力的女人我会觉得很厉害。"

那究竟为什么"智者不入爱河"呢？

有人说因为爱情充满不确定，即使今天相爱，明天也有可能分开，总免不了伤害，所以聪明的人不轻易沾染爱情。也有人说因为爱情容易令人丧失斗志、放弃梦想，所以有追求的人不喜欢触碰爱情。

我觉得智者拒绝爱情的根本原因是这几方面：第一，身处爱情，会让自己的智商降低，容易失去控制局面的智慧和能力；第二，智者多半现实且理性，综合种种现实因素，多半会选择生活，而不是爱情；第三，看得太透，反而爱无能。凡事难得糊涂才能一直坚守和继续，一旦清醒至极，继续也就变成了一份熬煎。若爱情能让人变得更好，自然是欢迎之至，若它带来的是无尽的烦恼，还不如一个人生活。

所以，智者不是不爱，他会在明白两个人是否合适后才行动，会在清楚彼此有没有未来后再追求。他并不是抗拒爱情，只是学会了谨慎去爱。

一扇不愿为你开的门，一直不停敲是不礼貌的

爱你的人，距离再远也顺路，随时都有空，不怕你打扰，不怕你麻烦，他只怕你不需要他。

·能感天能动地，就是感动不了你·

抖音平台某视频游戏主播曾说过一段话，让我印象挺深刻，他说："我坚持不找你，不是因为我不想你，更不是因为我不爱你，而是你给我的感觉像是我在打扰你，可能我这个人的自尊心太强了吧。我是那种你不主动找我，我这辈子都不会再跟你有交集的人。但是你只要跟我主动说一句话，哪怕是一句'在吗'，我也会立刻秒回你。如果你跟我说你想见我，就算是刀山火海，我也会以最快的速度出现在你的面前，但是很

可惜，你没有找我，所以我也不会再出现在你的世界里面。”

“爱人七分满，三分给自尊”这句话还是有一定道理的，毕竟一扇不愿意为你开的门，一直敲，不停敲，是没有礼貌的。在两情相悦的爱情中，苦苦纠缠的戏码不合适，最好情出自愿，事过无悔。

一份和谐的感情根本不会让人患得患失，对方会在你产生自我怀疑前给足你安全感，只要有时间，只要条件允许，翻山越岭他也会忍不住去看你，会把这世上一切最好的东西都送到你面前，包括他自己。

爱情里哪有那么多一见钟情，大部分还是经过追求和努力后的水到渠成，或者最终落花有意，流水无情。好的结果固然美好，不好的结果你也要学会坦然接受，不要因为自我感动而对付出愤愤不平。

我曾经认识一个在爱情里无比执着的姑娘，在这个网络通信发达的时代，她决定用最简朴的方式——折千纸鹤向男孩儿表达爱意。她说要折满 999 只纸鹤送给对方，让对方通过每一只她亲手折出来的纸鹤感受她满满的爱意。

她说到做到，把折千纸鹤当成了人生大事，孜孜不倦、乐此不疲地努力着。然而当她把千纸鹤拿到男生面前跟他表白的时候，男生并没有表现出她想象中的感动，反而是一脸纠结和不安，最后也只是拒绝了她的心意并且说："谢谢你的喜欢，但现在我只想说，你的不放弃打扰到我的生活了。"

你看，在不喜欢你的人眼里，你所有的一切付出都只是"打扰"而已。

后来我才知道，她多次对男生表达过自己的心意，男生都干脆地拒绝了。换位思考，如果我是这个男生，作为当事人被赶鸭子上架，我也只剩尴尬。

从始至终，姑娘只是在一厢情愿地认为自己的努力付出，对方一定会接受，从没想过自己的不放弃已经变成了纠缠。

·一定有一扇门，会心甘情愿为你打开·

人的本能是不断追逐从他身边飞走的东西，却总在逃避追逐他的东西。

感情确实需要主动和争取，不能一味地待在原地等着爱情找来，但是要注意区分“争取”和“打扰”的区别。

“争取”是在不影响对方的前提下竭尽所能地让他动摇，想他所想，爱他所爱。“打扰”则是在对方已经明确表达了拒绝以后，你还在一意孤行，用自己的语言或者行为影响对方。这样的情况确实已经非常不礼貌了，你要学会的是适时放手。

我希望所有的女孩儿在感情中都能适当保有一定的自尊与骄傲，不要委曲求全，更不要试图在不爱你的人的世界里一直强行刷存在感。

爱情不是靠着一天天的“出现”和聊天记录里的未读信息就可以刷出来的，你的所有行为不但不会加分，很有可能适得其反。

其实有时候你的苦苦坚持，可能并不是因为有多爱对方，只是不甘心自己曾经的付出没有结果而已，但是那个时候的你已经因为无谓的坚持而失去了尊严与底线，只会惹得对方生厌。

那扇敲不开的门，就不要继续敲了，世界上的门那么多，我相信一定有一扇门，会心甘情愿为你打开。

不耗着别人，也是对感情的一种尊重

爱人的方式有千百种，但是很抱歉，我不想要浅浅的心动，所以不要用喜欢我这几个字来耗着我，我很贪婪，也很愚笨，我是个俗人，我只喜欢看得见的在乎和明确的爱。

·明确的拒绝比模糊的暧昧善良一百倍·

“你会永远对我这么好吗？我们会做一辈子的好朋友吗？即使你已经有了女朋友。”

“会的，我会一直在你身边。”

上面这段对话出自一部曾经很火的偶像电视剧，是剧中女主角与男二号之间的一段对话。我们这里将女主角用 A 代替，男二号用 B 代替。B 是 A 的男闺密，两人之间一直没有距离感，即使在 B 已经有了女朋友，A 有了男朋友的情况下，两人依旧保持着亲密的关系。我当时看这段剧情的时候就觉得很不适，感觉对话够奇葩，也够无耻。这不就是借着闺密的名义来“养鱼”，给自己找备胎吗？

所有的异性闺密，都是“鱼塘”里明码标价的“鱼”。

喜欢一个人本来是一件很美好的事情，两情相悦的暧昧才不让人反感，因为算是既定的双向奔赴。但如果只是仗着一方的喜欢便肆无忌惮，搞得一手好暧昧，我希望另一位当事人能变得聪明一点儿，趁早放手，趁早退出。

有的人很喜欢当“鱼塘塘主”，用这种暧昧不明的手段给自己养一池塘的“鱼”，不过，你看到哪条“鱼”修成了正果？

我特别喜欢一句话：“如果哪一天，你不爱我了就真诚点儿告诉我，我一定支持你追求的幸福。”有些人分手总是搞得双方极尽狼狈，其实大可不必，有些时候你高估了自己，也低估了对方。不喜欢了，就直接告诉对方，这比你不回信息、不接电话的冷处理方式要善良一百倍。

·拒绝暧昧是成年人的通行法则·

大学时认识一个非常漂亮的姑娘，追她的男生数不胜数，各种奇招儿妙招儿轮番上演。但是我发现她从来不跟他们搞暧昧，遇到男生表白都是当场拒绝，男生送的礼物也从来不收。不加微信、不收礼物是她一直以来的作风，不喜欢就明确表示拒绝，不耽误对方也不消耗自己。

我们一开始以为她是没有恋爱的打算才会如此决绝，但后来突然有一天她宣布恋爱了，对象是一个特别帅气、优秀的学长。我们纷纷表示震惊，这次怎么接受了对方的表白？后来我们才知道，他俩在一次大课上一见钟情，下课后就直球表白，飞速确认关系。没有暧昧，没有欲拒还迎，没有欲擒故纵，就是这样直接而简单，只是这样简单而直接。

有人会说，有时候不拒绝对方是怕伤害对方的自尊心。摸摸良心，这些话你自己相信吗？你只是在现阶段没有遇到更好的，所以才会心安理得地享受着对方的好意，却又在积极寻找着下一个目标，这总让我想起某人的那句经典：“贱不贱哪？”

对不喜欢的爱慕者最大的尊重，就是明确地告诉对方你的意思，这才是真正的善良，这才是真正的格局！

成年人的爱情最动人的地方就是成熟、理智。明确的拒绝可能会伤害对方一次，但是持续的暧昧却会伤害对方千百次。哪怕你已经让对方多次感受到不喜欢，也多次暗示不会在一起，但就是不明确提出拒绝，依然让对方觉得自己还有机会，然后继续追逐你。我只能说，这种做法太可耻！

做一个善良的成年人，从做一个尊重感情的人开始。

真诚的感情最为珍贵，不应随意践踏。尊重这份感情，也是尊重对方和自己。

不要“习惯性暧昧”，明确自己的喜欢和选择，对确定不会有发展可能的人直接说“NO”，可能当时对方会伤心难过，但是相信我，以后对方一定会觉得自己当初没有喜欢错人。

我会用绝对的理智压制这场要命的喜欢

我不稀罕你的抱歉，也不稀罕你的亏欠，我渴求的不过是一份对等的关系，你我之间，无须讨好，互不亏欠。

·能说出口的“喜欢”都值得庆幸·

身边的一位朋友一直喜欢一个女生，却始终不敢表达自己的爱意，我问他：“既然喜欢了这么久，为什么不告诉她？”

他说：“是啊，为什么呢？我喜欢她很久了，只是我第一次见到她的时候我就知道，我们之间没可能，虽然现在还是普通朋友的关系，不过我已经很满足了。”

暗恋一个人就像是一个心底不能说的秘密，明明近在眼前，却没办法真正站在对方身边。有些话终究不敢说出口，怕说出口之后就是尽头。

暗恋有时候很折磨人，但有时候却是很美妙的东西。《一代宗师》里有那么一段台词："我在最好的时候遇到你，是我的运气。想想说人生无悔，都是赌气的话，人生若真无悔，那该多无趣啊。叶先生，说句真心话，我心里有过你。我把这话告诉你也没什么，喜欢人不犯法，可我也只能到喜欢为止了。叶先生，世间所有的相遇，都是久别重逢。"你看，世上多少无疾而终的爱情，都源于一场无人得知的暗恋？

我见过很多爱而不得的人，在感情里把自己折磨得很痛苦，即使知道没结果，可就是放不下。张爱玲在《小团圆》里有一段话："雨声潺潺，像住在溪边，宁愿天天下雨，以为你是因为下雨不来。"这场无望的暗恋，其实你心里明镜似的，却又总是一遍遍地自我欺骗。

我们这一生中，总会有那么几次心动，不是每次心动都能说出口，也不是每次心动都能有人陪。所以能大大方方说出"我喜欢你"的爱情都值得庆幸，因为这世上有太多的爱情总因为这样或那样的理由无疾而终。感情本是两个人的两情相悦，一厢情愿从来都只能自我感动。

·因感性受的伤只能由理性买单·

“恋爱脑”在当今社会已经变成让人鄙视的贬义词了，我觉得一旦被冠以这个称呼，那恭喜你顺利荣升“傻白甜”。我们鄙夷这样的行为，却又在某一刻不可自拔地成为其中的一员。

最羡慕学生时代能放手去爱，那个时候对着自己喜欢的人那些看似不经意的暗示、不走心的打闹，身边人每一次的揶揄和起哄，每一次提及对方名字时的悸动，还有当时不明白为什么没有说出口的“喜欢”，汇成人生最美的时光之一。

后来的我们在经历了一些感情后，吃过亏，渡过劫，遭过难，才更加懂得这段似是而非的感情究竟有多美好珍贵。可惜那时的我们最终只说了再见，从此山高路远。

现在回首再看，当初的喜欢也许早被岁月的风沙消磨殆尽，但当时那种甜蜜心动的感觉却永不褪色。我不后悔曾经喜欢过你，但也有些庆幸自己理智地选择了放手。

人是矛盾的综合体，拥有理性思维，也有感性行为。感性用来发泄，理性用来克制。大多数时候，感性的伤只能理性来买单。

女孩子的爱情大多数都是以感性的冲动开始，最后以理性的克制结束的。女孩子真的很容易被感性拉扯，然后为爱不顾一切地赴汤蹈火，最后爱得遍体鳞伤体无完肤后再学会成长。

所以为了保护自己不受伤害，姑娘们一定要学会在一段明知“不能”的感情中，用绝对的理智和清醒去压制不该有的感情。希望你下次心动，能碰到真正的爱情。

伤害没有让我变得更完美，但让我变得更完整

我们要感谢那些曾经伤害过我们的人，因为他们，纵然我们没有变成更完美的人，但我们变成了更完整的人。

一首歌词中说："越长大越孤单，越长大越不安，也不得不打开保护你的降落伞，也突然间明白未来的路不平坦，难道说这改变是必然。"走出校园象牙塔，吃过社会的苦，吃过人性的亏，大多会变得越来越谨慎和"自私"。许多人觉得这是一个自我成长、成熟的过程，算是一件好事。我也觉得这不是一件坏事，但是你也会发现，人确实越活越清醒了，但并没有越活越快乐。

每个人都有趋利避害的本能，就像你为了避免在一段感情中受伤，索性不再开始新的恋情。这其实有些因噎废食了，

你是否还记得，曾经让你难以释怀的感情，都在不经意间让你更加了解、贴近真实的自己，丰富了你的人生阅历，让你的人生变得更完整。

青春时期总爱抄写一些名人名言，将那些先哲们总结的道理经验抄写在笔记本上，就好像能将它们融入生命中，从此少走很多弯路。后来才发现，哪怕抄过这么多名言警句，听过那么多人生大道理，该走的弯路一点儿也没少走。

读过那么多伟人对于爱情的描写和感悟，真正轮到自己的时候，还是不撞南墙不回头。后来终于明白，只有真正经历了春心萌动、甜蜜恋爱、伤痛分手，才算真正知道了爱情的滋味，才从此变成“曲中人”。

我很喜欢辛弃疾的一首词：“少年不识愁滋味，爱上层楼。爱上层楼，为赋新词强说愁。而今识尽愁滋味，欲说还休。欲说还休，却道天凉好个秋。”短短数句写尽了人生哀愁，让人明白无阅历不成文。

少年时候的我们喜欢字里行间愁情满溢的文字，学着无病呻吟；如今真正体验过悲欢爱恨，认识许多人，经历许多事，才发现曾经的自己是多么浅薄与单纯。但也正是因为经历了这些，如今的我们或许没有比当初更完美，但我确信我们的人生变得更完整了。

人生本来，苦恼很多，原生家庭的缺失，成长中的孤独，爱情中的挫折，工作上的失意，等等，也许会让你在当时难堪难过，但时间真的是人生良药，多年后你再想起那些人生世故、坎坷情路，都如浮云，而且正是因为这些，你在后面的人生中才变得更强大，更无懈可击，也更懂得怎么爱惜自己。

人生不只需要长度，更需要厚度。那些“坎儿”不过是你增长阅历的一种方式和途径罢了，正因为这些经历，我们才成为更好的人，才拥有了更完整的人生。

朋友，如果你正在经历人生低谷，那么允许自己躲在被子里哭那么一小会儿。哭完以后，爬起来洗把脸，然后给自己煮碗面，吃饱以后赶紧继续赶路。虽然我不知道你的人生会通向何方，但我愿今后你能所行皆坦途，一路生花。

后　记

我是抖音情感博主沈一只，本书写下了我的一些情感心得。作为“95后”一代，我觉得当代年轻人的情感价值观与前辈大有不同，所以我希望能够用我仅有的一点儿能量来帮助、安慰、治愈那些喜欢我、支持我的人，这让我看到了自己存在的价值。

我真心地希望每一个缺爱的人、自卑的人、迷茫的人、陷入人生低谷的人，会因为看到我的视频和文字而得到一些人生启迪或感悟。你一定要明白，人生很长，但能够真正清醒地活着的时间很短。你值得更好的人生，值得拥有所有你曾羡慕而渴望的一切。

这是一场双向的奔赴，遇到你们，我很欢喜。

图书在版编目（CIP）数据

希望下一次哭，是因为太幸福 / 沈一只著. -- 武汉：长江文艺出版社，2023. 8

ISBN 978-7-5702-3228-4

I. ①希… II. ①沈… III. ①恋爱心理学－普及读物 IV. ① C913.1-49

中国国家版本馆 CIP 数据核字（2023）第 115150 号

希望下一次哭，是因为太幸福

XIWANG XIAYICI KU , SHI YINWEI TAI XINGFU

沈一只 著

选题产品策划生产机构 | 北京长江新世纪文化传媒有限公司
总 策 划 | 金丽红 黎 波
责任编辑 | 张 维　装帧设计 | 郭 璐　责任印制 | 张志杰 王会利
助理编辑 | 张金红　内文制作 | 张景莹　内文插图 | 林帝浣
法律顾问 | 梁 飞　版权代理 | 何 红　媒体运营 | 刘 冲 刘 峥 洪振宇
总 发 行 | 北京长江新世纪文化传媒有限公司
电 话 | 010-58678881　传 真 | 010-58677346
地 址 | 北京市朝阳区曙光西里甲 6 号时间国际大厦 A 座 1905 室　邮 编 | 100028

出 版 | 长江出版传媒 长江文艺出版社
地 址 | 湖北省武汉市雄楚大街 268 号湖北出版文化城 B 座 9-11 楼　邮 编 | 430070
印 刷 | 天津盛辉印刷有限公司
开 本 | 880 毫米 × 1230 毫米 1/32　印 张 | 9.25
版 次 | 2023 年 8 月第 1 版　印 次 | 2023 年 8 月第 1 次印刷
字 数 | 154 千字　图 数 | 10 幅
定 价 | 58.00 元